# 自我時代優勢練習

## 成長，成事，成為極少數！
## 更要成就自己的6堂行動蛻變課

如果你是充滿好奇心的上進星人、行動派、自我探索愛好者或終身學習的狂熱者，這本書就是為你量身定做的進步寶典。

# 作者序
## Preface

## 比起「拼命努力」，
## 不如用「優勢」當支點

　　如果你翻開了這本書，那一定就是我們的緣分。

　　這也說明，你人生的蛻變時刻到了！就是現在，此時此刻。

　　過去十年，在教學和諮詢的場合中讓我接觸過近百萬名學員，他們最常問的問題有以下幾個：

- 我已經很努力了，為什麼還是得不到想要的？
- 我學過很多方法、知道許多道理，為什麼人生還是毫無起色？
- 我有選擇障礙，只要面對多種選項就無法下決定，怎麼辦？
- 我常常陷入情緒當中，無法自拔，怎麼辦？
- 我有嚴重的拖延症，明明知道有事情要完成，卻遲遲無法開始，怎麼辦？
- 我很無助，不知道怎麼突破瓶頸、走出困境？
- 我不知道生活的意義是什麼，也不知道未來要做什麼？
- 我沒錢、沒人脈、沒有家庭背景，我還有什麼可能性？

　　類似的問題不勝枚舉，而你是否也有過同樣的問題呢？

在我看來，以上所有的問題，本質上都是同一個問題：你沒有發揮自己的優勢。又或者說，你從來都沒有找到自己的優勢。

　　若要追究真正的原因，其實是我們從小受到的教育一直告訴我們「你要均衡發展、你要追上別人」，因為家長總是用「木桶理論」教我們，所謂的木桶理論是：你要把短板補上，直到短板和長板一樣長，這個木桶才能好好裝水。可是，這樣的理論早就已經過時了，因為和別人一樣，只會讓你失去價值；專注於補強弱點，最後只會讓你失去競爭力。

　　能適應時代變化的，是「新木桶理論」。只要你有一塊長板，並把長板發揮到極致，你就會有立足之地，創造人生不一樣的可能。在個體崛起的時代，你根本沒必要成為一個桶，你要做的反而是找到你的長板，並拿自己這塊足夠長的板子，和其他同樣長度的板子，組成一個木桶。也就是拿出自己的優勢，並和那些跟你同樣厲害的人一起，分工合作，創造成果。

　　你沒有必要次次成功，你只需要成功一次；你也沒有必要樣樣精通，你只需要專精一項，並把它發揮到極致。所以，你該專注於自己的長板，而不是短板。

　　再說了，人一生的時間十分有限，為何要把寶貴的精力放在自己不擅長的事情上呢？你的短板，總會是某些人的長板，遇上問題的時候，你大可尋求這些人的幫忙。

　　我寫下這本書，是想告訴你，優勢成長不僅僅是一個概念，更是一種思維。

　　人生中的一小部分會由你做的事而決定，但大部分是由你「做好的事」決定。所以，你不必一天做一百件事情，然後睡前回顧一天的時候讓自己很感動，這沒有用。你要思考，今天如果只做一件事，你要把哪一件事情做到一百分。正如你不必在意讀過多少書，而要在意

能把一本書讀多少遍，最終能了解這本書到多通透。

那能不能做好一件事，是由什麼決定的呢？沒錯，就是優勢。

用優勢不斷輔助成長，不斷成長又能反過來加深你的優勢。這是強者思維，也是一種極簡又極致的思維。

請記住，找到自己的優勢，是解決一切問題的關鍵。

記得有一次，有一個學生跑過來問我：「老師，我學英語十年了，已經很用功很努力了，為什麼還是學不好？」

我跟他說：「如果十年了你都無法學好，那這就不是努力可以解決的問題了。」

在某種程度上，我佩服這位同學，因為很少人會苦苦堅持做一件沒有結果的事情，並長達十年之久。同時，我也替他可惜，因為換個角度想，如果同樣的十年，努力在正確的事情，而不是學習英語上，結果會不會有所不同呢？

一般而言，沒有找對優勢，會導致兩個最可怕的後果。

一、從不開始；二、半途而廢。從不開始的人，會陷入拖延和迷茫，他們會覺得生活無趣、人生沒有意義；而半途而廢的人，則會陷入焦慮和抑鬱，他們會認為人生艱難、自己毫無用處。從不開始的人，不知道未來的方向；半途而廢的人，不知道努力並不是產出結果的唯一條件，它只是獲得成果的基本條件。

所以，這些「覺得」和「認為」都是假的，**真相只有一個：我們從未在意自己的長板，我們沒有去發掘自己的優勢。所以你所謂的努力，其實都是白費力氣。**

說得更簡單一點，你要在找到自己的天賦優勢的前提下，再去設目標、定策略、找方法，然後加倍努力，最終才能獲得想要的結果。

如果你想得到正確的結果，就要做正確的事。什麼是正確的事？

如下表，第一步行動是「發現並建立優勢」，並不是努力。

很多人的第一步是從努力開始的，也難怪得不到成果！

（個人快速成長的正確路徑）

請永遠記住「努力，不如用對力」。用對力的意思是，找到優勢了，就有了目標；有了目標，自然就會呈現策略與方法；在此前提之下，再加倍努力，必能收穫碩果。

一旦開啟了優勢，你就開啟了人生成長的高速通道，只要按部就班，就能直達結果。而且，當你開始用對力、開始做正確的事，這整個過程，不就是一種成長嗎？

記得我從 13 歲開始就一直任性地做自己。直到 26 歲離開上班族的生活，達成不用上班的財務自由夢想。在過去十年，我做過不少事，在這些事情上也獲得不俗的成績。

13 歲，我嘗試在大街上賣報紙，收穫人生第一份收入；18 歲，我開始到補習班兼職，不到 20 歲我就成為新東方[1]的英語老師；23 歲，做出網路閱讀量過億的創意行銷；25 歲，成為國際認證的諮詢師；到了 27 歲，我成為了創業導師，目前則是多家公司 CEO 的顧問。

而這裡談到的每一個身份都是我喜歡的，而每一次的經歷都給了我不同的體驗。

這些年，我發現當我開始做一件事的時候，好像都比同齡人快一

---

1　新東方：全名為新東方教育科技集團有限公司，為目前中國的最大的英語培訓機構。

點，尤其當做出成果時，我又好像比做相同事情的人多一點收穫。

最後我體悟到，我做的每一件事情，之所以能產出成果，無一不是我發揮出了自身的優勢，並利用優勢不斷地將自己往前推進，激發成長。

也許你想問，什麼是優勢成長呢？說白了，優勢就是你是誰，你有什麼；成長就是你怎麼靈活運用你擁有的，過想要的生活。

所以，根據個人的多年經驗、思考和研究，我總結了「成就一件事」的五個要素——

1. 與生俱來的過人天賦。

2. 耳濡目染下，掌握到該領域內長期的做事規則。

3. 舉一反三、靈活變通的後天學習。

4. 不亞於任何人的專注和付出。

5. 跨行業專家義不容辭的協助。

前兩者是優勢，後三者是成長。建立優勢，然後成長，是持續進步的不二法門。

當然，1 和 2 還是最重要的，因為優勢在三到五年內難以被超越，加上不斷成長的話，以長時間來看，就更難被追上了。

這本書會完整討論以上五個要素的條件，並提供你角度和思路，以及關於這五大主題的最終解決方法。只要你知道了自己的天賦，明白事物發展的規律，且能不斷學習與付出，並通過合理的溝通得到支持與幫助，你將會領先他人、無事不成。

關鍵在於，瞬息萬變的時代，你能以不變應萬變，用「優勢」來抗衡「趨勢」。一言以蔽之，向內找優勢，向外去成長；向內可以多深入，向外就可以走多遠。

最後，我想藉此機會告訴你，最終決定你會成為什麼人的，除了天賦以外，還有做事的標準，也就是你對自我的要求。

一個人做事的標準，決定了成果的高低。就用我的這本書來舉例吧，從動筆那天開始，我就不斷地問自己，我要以什麼的標準，來完成我的作品？是暢銷書嗎？是長銷書嗎？是「雞湯」勵志書嗎？還是其它類型？

　　後來這些標準都被我一一否決了，因為冥冥之中，我有一種感覺，就是這都不是我想要的。

　　冥思苦想之下，我自己有了一個堅定的標準：如果數十年以後，我有了自己的後代，在我與世長辭之際，我最想跟他們表達什麼呢？我最想讓他們瞭解「改變人生、少走彎路」的準則是什麼呢？他們能牢記的、躲開成長路上地雷的，且至少能用二十年的原則和智慧又是什麼呢？

　　簡單來說，這本書的標準，不是數字，也不是他人的評價和眼光。它的標準是「你」，整本書的寫作焦點都放在：如何幫助你，成為那個想要的自己。只要你認為，你還想要進步，這就是一本為你量身訂做的書。


　　說實話，這本書寫起來沒有想像中難，但思考的過程卻相當痛苦，最難受的部分是得把過去十年所經歷的所有苦難，再重新經歷一遍。要鼓起勇氣，步入黑暗，重新去尋找那一束亮光。

　　這些痛苦的經歷，有的來自我自己，有的來自百萬讀者的大多數提問，有的則來自我輔導過的上萬個個案。其中最具代表性的例子，我都已經選錄到書中。而書中最有價值的部分，莫過於長期以來我對這些困難、痛苦、焦慮和迷惘的研究與思考，以及我在書中給你提供非比尋常的角度，還有一學就會的應對辦法。


　　想清楚後，我就動筆了，用了半年的時間寫，又用了半年的時間改，這本書終於和你見面了。

　　我絕不希望這「又是一本」你讀過的勵志書，我希望這是一本大

眾的心理學讀本、是一本思維升級的範本。至少，它會是一本教會你如何正確思考，持續做正確的事，最後能夠自我實現的指南；至少，它會讓你知道，我們應該用創意和智慧取代情緒，來面對生命中出現的每一個問題。

我希望它能幫助每一個生命，得到足夠的成長，也希望當你重新審視生命、看待人生的角度時，因為它得以完善。

從心理學被創立的那天起，就有一個重要的任務，就是教人愉悅地接納自我。我希望這本書在你個人成長、認識自我，以及接受心裡最真實的那個自己時，起到拋磚引玉的作用。

之所以說拋磚引玉，並不是妄自菲薄。書中沒有非常多名人的例子，也沒有盲目的勵志，更沒有太多高深的理論。我想讓你看到的是，哪怕是像我這樣一個出身平平、相貌平平、資質平平的普通人，透過發現自己優勢、不斷思考、適度努力，掌握簡單實用的方法，也是能夠持續成長，從而發展出不同可能性，成為任何一種自己想成為的模樣。

我不是誰，我只是另外一個你。請記得，看這本書的時候，我不是最重要的，書不是最重要的，你才是最重要的，因為這本書是為你而寫的。

比起這本書的內容，更加重要的是你因為書的文字與內容，得到了思維的啟蒙、認知的升級、行動上的進步。所以，看過幾遍並加以行動後，你會發現，你變成了「玉」；相比之下，這本書的內容成為了「磚」，這就是我寫這本書的最大期盼與心願。

這不只是一個人對另外一個人說的話，而是一個靈魂和另外一個靈魂的交流，一顆心和另外一顆心的共振。

我通常會選擇在萬籟俱寂的夜晚，來到北京國貿的一家 24 小時

營業咖啡館，找一個角落，死磕²自己，然後奮筆疾書。曾經有人問：你見過淩晨四點的北京嗎？我跟他說，淩晨一、二、三、四、五點的北京，我都見過。

因為這本書寫成於夜晚，所以它也特別適合在夜深人靜時閱讀。我希望你可以抽出一週，用幾個晚上的時間，慢慢把它讀完。

而這將會成為你這一年中，意義非凡的一個禮拜。我不能保證你一定成功，但我保證，你的這一年、你接下來的生命，都會因為這本書發現了自己的優勢，而變得不一樣。

我衷心地希望，讀完這本書後，你能成為這樣的人：迷茫中不孤獨，困難中不脆弱，痛苦中不自責，焦慮中不自棄。理智而勇敢，溫柔而有力，一直追問、探求真理，直到過上想要的生活，擁有理想的人生。

期待不久的將來，我們能在街角的書店相遇，你會面帶微笑地告訴我：帥老師，看了你的書，我終於活成了自己想要的樣子。

如果說有什麼是這本書應該讓你牢記的，那就是讓你記住，你找到了優勢，就找到了自己；你找到了自己，世界就會找到你，而這，將是你不斷成長的最大意義。

愛你的帥老師
於北京國貿

---

2　死嗑：網路用語，指的是跟某人或某事作對到底。

# 放大本書收穫的
# 閱讀方式

## 1. 增加遍數

全書至少讀三遍，每年至少讀一遍，直到完全掌握。

## 2. 加深投入

閱讀時，準備一支筆，邊看邊劃記，並在空白處記錄你的靈感。

## 3. 提問反思

每讀完一篇，回答自己以下三個問題。

- 我在這篇文章中，學到了什麼？
- 我如何在生活中運用學到的知識技巧？
- 我如何以學到的內容幫助別人？

## 4. 完成作業

結合自己的過往經歷和未來目標，寫下每一章的體悟與想法。

# 目錄
Contents

# Part 1

為什麼要「成長，成事，成為極少數」？

# 成長就是將「石子路」
走成「花路」

在社群平台上，我被問過最多的問題是：如何找到下一個可能？

問題看起來有點廣泛，但事實上，找到一個可能的方法並沒有想像中的難。當我反思過去十年的經歷，我驚訝地發現我的歷程不就是找到下一個可能的方法和路徑嗎？

## ▌做好準備，開始第一個可能

18 歲那年，剛好十年前，我高中畢業。大學入學考試後的暑假特別漫長，我開始思考，我已經 18 歲了，而我以後想要的，是一種什麼樣的生活？

帶著這樣的想法，在那個暑假，我跟其他畢業的同學不太一樣，我沒有去大玩一場，而是選擇了去打工。

那時候，我不太擅長與人溝通，更不擅長演講，但陰錯陽差，我卻到了廣州一個非常有名的補習機構裡打工。最一開始，我是那個機構最有名的老師的助教，雖然是助教，但工作一點都不輕鬆，我跟主講老師一樣要備課，一樣要搜集資料、準備教案，甚至做 PPT。

有一天上課，主講老師拉肚子沒來。可是台下幾百個人，已經坐滿了，總不能沒人講課吧。這個時候沒辦法了，趕鴨子上架，於是我

作為一個助理教師，充當主講老師，硬著頭皮上去講了一節課。我還記得，那天我毫無準備地，冒著大汗，站著講完了三小時的課。

下課後，同學們填寫評分回饋。結果，分數統計出來以後，我發現，給我的分數，比給原來的主講老師還高。於是，原來的主講老師就被換掉了，機構的主管專門來看了我後面幾節課，然後對我說「小帥，You are born to teach.」

後來，我不斷在教學上挑戰自我。19 歲去面試「瘋狂英語[1]」，成功當上主講。一年後，到了夢寐以求的「新東方學校」，成為當時新東方最年輕的英文老師。這就是我職業生涯的第一個可能性，從一個高中生，變成了知名教育機構的主講老師。

我得到最大的啟發是，沒有憑空而來的機會，也沒有毫無緣由的痛失良機。是不是機會，得看你有沒有做好準備。

比如，新東方老師這個職位，它一直都客觀存在。你沒準備好的時候，你會沒自信，然後用「我去了也面試不上」來打擊自己。或者認為「去了也沒用」，我的學歷人家也看不上。你還會給自己找各種理由，讓自己相信這些的藉口是真的。這時候，職位的機會變成了困難和障礙。

但一旦做好準備，你就會對自己說「新東方面試只是小菜一碟！」然後你就去面試了，這時候，職位才會變成你眼中的機會。

你有沒有發現，客觀上什麼都沒變，唯一改變的，只是你的準備。**所謂成長，就是擴大自己的可能，讓原來的障礙，變成機會。**

有人會說「老師，你最開始從助教變為主講老師，不是因為運氣好嗎？畢竟是人家肚子痛了，你才有機會。」

---

1　瘋狂英語：中國的知名英語補習班。

如果你這麼想，可能這就是你目前還處在水深火熱中的原因。你不能總把一切歸因為運氣，很多人就是因為運氣來的時候沒準備好，才錯過了機會。不信你想一想，上次你所謂的錯失良機，到底是機會沒來？還是機會來了，但你沒有準備好呢？

如果我自己沒把助教的工作做好，我沒有像主講老師一樣好好備課，我就無法臨時講課，也無法讓學生滿意，並得到比原來的老師還要高的評分。

機會不會突如其來，更不會突然消失。重點永遠是，只要你準備充分，信心充足，無論是一個職位，還是一次比賽或挑戰，都會變成在你眼前的機會。在這個世界上，機會只給那些準備好的人。

## ▌堆疊經驗，找到下一個可能

過了一年，我大三的時候，正值 21 歲，叛逆的我又不安於現狀了。我開始在想，我想要的是什麼？人生剩下不過短短兩萬天，我是要這兩萬天過充實了？還是說，我要把一天重複活兩萬遍？

我理智分析一下，當時已經非常熟悉在補習班教課，收入也很不錯，但同樣的課程十分單調，就只為了賺幾個錢，這有什麼意思呢？

因為我對語言和大腦研究都非常感興趣，在上課和教課之餘，我去學習心理和諮詢課程，學習引導技巧。我把所剩不多的時間，一點一點擠出來實踐和複習，最後獲得了國際催眠師和 NLP（神經語言程式學）執行師的證照。

無論是 18 歲還是 21 歲，當時的我還非常年輕，沒有進行過任何人生的回顧。後來猛一回頭，我才發現，我彷彿找到了「發現下一個可能」的規律，那就是，我每一次發掘自己可能性的展現，都是我前面生命經驗的累加。

發現這個規律後，因為個人的成長和進步，變得有跡可循，所以

22 歲的我就走得更加沉穩也更自信了。我把 18 歲到 21 歲所做的事情，全部加總來觀察後，我決定，我要去學新媒體營運。

因為我想，我已經有了那麼多的經驗，那麼多的內容，我也有許多好的想法和觀點，那有沒有一個容器能把這些東西都承載起來，並傳遞出去呢？我認定新媒體是一個機會。

一開始我的社群粉絲才一千人，基本上是同學和朋友。經過一年的刻苦自學，在我 23 歲時，因為前面的經驗累積，能讓我大量生產出優質的內容，再加上妥善的經營，我的粉絲人數短短一年裡就達到了六十萬人，這是我壓根沒有想到的。

一切都是最好的安排，人生沒有無用的經歷。很多人容易把「迷茫」掛在嘴邊，迷茫是因為看不到更多的可能性。其實不需要迷茫，因為答案都藏在你過去的日子裡。

你只需要像我一樣，列出過去的一些成果和成績，然後歸類加總一下，看它會變成什麼。很可能，你會發現這就是你目前可以努力的方向，也就是下一個可能。

請記住，每一個可能，都是前面所有經驗和結果的堆疊。一切的改變，都需要時間。人生的高度，不在於你歷經了多少歲月，而在於歷經這些歲月後，你積累了什麼，又沉澱了什麼。

## ▌逼自己一把，讓自己「無所不能」

幾年的累積下來，我有了很好的英語教學能力、突出的演講能力、不錯的教學經驗、相當的心理學知識，以及經營新媒體（其實就是傳播）的正確概念。沒想到，這幾個經驗堆疊起來，就在我 24 歲時，一下子爆發了。

二〇一五年，我發起了全國第一個線上直播的早晨讀書會，參加的同學有二十萬人。後來，我順勢開了英語的直播課程，有了四十七

萬的付費用戶，一堂課最多會有兩萬名學生參與，我也因此賺到了人生的第一桶金。這樣的成績，當時無論是新東方內部，還是整個線上教育行業，都是絕無僅有的。

但請注意，經驗加起來，只能展現可能性；你還需要透過具體行動，來成就可能性；如果你能追求極致、超越極限，把行動最大化，就會把可能性放到最大。

別在該醒著的時候睡覺，也別在該奔跑的年齡爬行。別輕言放棄，別太輕易放過自己。

所以，我 24 歲那年做了什麼呢？一句話總結，我講了四千小時課。可能你不知道講課四千小時是什麼概念，這麼說吧，如果每天講十個小時，一年能講三千六百五十小時，如果要講到四千小時，就是平均每天要講課接近十一個小時。你可以想像，每天不停地講話十一小時，然後連續不停地講一年，有多少人能做到呢？對的，我想幾乎沒有人能做到！但最後我做到了，我逼了自己一把，把自己逼向了極限，所以我找到了我在線上教育這件事情上最大的可能性。

到了 27 歲，我停止了講課，轉而開始給國內最大的幾個線上教育平臺做商業顧問，成為 CEO 的軍師。以上就是我 18 歲到 27 歲，這十年的大致經歷。

十年是一個足夠衡量對錯的長度，如果問，這十年我做對了什麼？我的總結是，今天無論做什麼，每件事都盡可能做到最好，切忌得過且過；凡事加倍用心，凡事產生結果。

因為得過且過，跟沒做是同樣的意思。不要過中間狀態的人生，要麼做，要麼不做；要麼選擇，要麼不選擇；要麼是 1，要麼是 0，千萬不要 0.5。

只要你選好了，決定了，就馬上行動，把它做到底，達成最優的結果。請相信，只要把這一刻的事情做到最好，下一步的美好就會自

動呈現。

　　當你做好了準備，機會就會出現。

　　當你學會產出成果，成果就會積累。

　　當你習慣創造下一個可能，選項就會增加。

　　此時，你的生命之門就會打開，你就變得無所不能。

# 做好人生的「頂端設計」

你知道，在至今天為止的人生中，你熱愛的是什麼嗎？

你知道，你想過怎麼樣的人生嗎？

這兩個問題，我問過無數人，但得到的答案都是三個字：不知道。也許，你不知道要過怎麼樣的人生，但最起碼那應該是一個與眾不同的人生吧。

如果你想要過不一樣的人生，就要為你的人生，做不一樣的頂端設計。

## ▌什麼是頂端設計？

世界上，最浪費時間的事情有三：找東西，情緒失控，猶豫不決。猶豫不決，用更通俗的說法，叫做選擇障礙。

你有選擇障礙嗎？

從事教學和職涯諮詢十年來，我接觸過將近百萬名大學生，其中有這麼一個問題最為經典「老師，我快畢業了，我是該考研，還是該工作？」

先不提這個問題的合理性，也不論為什麼大學讀四年了，還會存在這種疑問。不可否認，這是很多同學在快畢業時，都會產生的「選擇障礙」。

而下一個「選擇障礙」就是「老師，我該繼續做原來的工作，還是該換一份工作？」再下一個就是「老師，我要結婚了，我該選帥的，還是該選有錢的？」

　　回到最開始的經典問題，假設這位同學的家裡突然出現了狀況，需要他幫忙補貼家用，這個時候他就有了很明確的近期目標：賺錢；現在只有一個選擇：工作。如此，也不會存在所謂的「選擇障礙」了。所以，表面上的「選擇障礙」，其實是沒有「選擇的準則」。

　　頂端設計，就是給你的選擇立一個最高的原則。
　　有了頂端設計，就有了一件事的最高指標和框架，也有了完成它的方向。對大多數人而言，他們沒有標準，所以他們沒有方向，不會選擇。更可怕的是，大多數時候，他們的決策標準都來自別人，或一些無關緊要的因素。

　　一次聚會上，知道朋友圓圓搬家了。我好奇地問她：「不是才住半年嗎？怎麼好好地就搬家了？」
　　圓圓說：「原來的房子的確很不錯，我也很不捨。」
　　我邊吸著冰紅茶邊問：「那為什麼要搬呢？」
　　她說：「因為家附近的餐廳都吃膩了，搬一個新家，就可以吃新的菜色了。」
　　聽完她的回答，我口中的冰紅茶差點沒噴出來。你注意到她的決策標準了嗎？我還以為她搬家的標準，最起碼會是「一個更舒適的房子」「CP 值更高」，或至少是「離公司更近」，但萬萬沒想到，居然是「吃新的餐廳」。
　　如果你沒有標準，試問該如何做選擇，又怎麼會有人生的頂端設計呢？

# ▎如何做生活的頂端設計？

在生活中做頂端設計，直白的說，就是當你面臨選擇時，找出完成這件事情你最重視的因素，以此來建立完成這件事的最高標準。你需要問自己，做這件事情的時候，什麼對我來說是最重要的？什麼是我最重視的？什麼是不可或缺的？

比如，如何挑選一本好書？

我有一個專欄《重塑思維訓練營》，每天我會在裡頭給讀者推薦一本書，到目前為止已經推薦了四百多本了。這些書雖然來自各個領域，但推薦出來的時候，大家都感覺耳目一新。

有一位同學百思不得其解，問我「老師，你怎麼總能挑到那麼好的書？我們讀完以後也是受益匪淺呢！」大家之所以產生疑惑，是因為不知道我挑書最重要的標準：重塑思維。

挑這些書、看這些書的時候，我注重的是——

1. 能不能帶給你一個全新的角度？

2. 能不能幫你突破原有的認知、超越自我？

3. 能不能完善你看待這個世界的運作系統？

我近兩年的閱讀標準和以往已經相去甚遠。現在，我多閱讀經典，並以原著為主。如果我要涉獵某個領域，我一定會找出該領域最經典、最權威的書籍進行閱讀。書讀多了以後，我最大的感悟是：**讀對書，比多讀書，更重要。這叫精準閱讀。**

我還特別為此寫出一個選書的頂端設計，有以下四個標準——

1. 頁數少於 280 頁的書不讀。

2. 在市場流通低於 20 年的書不讀。

3. 有原版的書就不讀翻譯版本。

4. 作者要有實戰經驗，或有學術成果。

而在我做職涯諮詢時，我也會幫忙諮詢者做好他們個人的職業頂端設計。前幾天，朋友小雅來找我，說對自己現在的工作不滿意，想找一份更好的工作。

　　因為她上一份的工作環境，辦公室政治嚴重，同事面和心不和，也喜歡搞小團體；工作的收入只能滿足日常生活所需；有時候還要加班到半夜，甚至會占用到假日；雖然有加班費，但由於久坐成疾，補貼的費用還不夠讓她去定期保養身體；而最重要的，是她感覺自己的才華難以發揮，所以工作成績也得不到肯定。

　　那要怎麼找到一份更好的工作呢？標準是什麼？

　　我瞭解她對現狀的所有不滿後，跟她共同列出了以下四條——

　　1. 環境相對單純，同事不鉤心鬥角。

　　2. 年收入是原本工作的 1.5 倍。

　　3. 準時上下班，不加班，週休二日。

　　4. 能發揮自己的專業技能。

　　這就是我給小雅做的「下一份工作」的頂端設計。

　　根據從小雅對上一份工作的最大不滿，我們列出她下一份工作的最高要求。我想了想，還給她加了一條「先把該做的做好，再把想做的做成。」

　　因為這畢竟是工作，除了對客觀的工作環境和條件有要求，也要對自己的主觀態度有要求。而我給她加的這一條，就是我認為能幫她在工作上快速前進，最重要的工作態度。後來小雅很快找到了心儀的工作，半年後她被提拔到更高的位置，收入變成了原來的兩倍。

　　在你的生活中，要是再次遇上選擇困難，不妨先花一點時間，做好針對這件事的頂端設計。設計好了，標準就會有，標準有了，選擇就會自然呈現。

## ▎如何做人生的頂端設計

人的一生，最終的頂端設計，應該就是人生的頂端設計了。人生的頂端設計，就是用一個極高的標準，來設立一個極高的目標。

簡單說，就是「你想成為怎樣的人？」

這不是口號，也不是夢想，更不是別人告訴你該怎麼做。而是，你真真切切想要去做的事，是等你滿頭白髮閉上眼睛之前，回憶過往時能確定「對，這一生就該這麼過的那件事。」

這就是你人生的頂端設計。

當然，這個頂端設計也定義了，你是一個怎樣的人。

我自己立下了幾條人生的標準和原則，與你分享——

1. 吾以外皆吾師（保持好奇心，向一切學習）。
2. 及時記錄（想到的、看到的、聽到的，要馬上記下來）。
3. 做一次，且做到最好（不反覆做，最多做兩次）。
4. 無論在哪裡，發揮自己的價值。
5. 情緒最小化，利益最大化。
6. 時刻覺察自己的注意力。
7. 點頭，微笑，說 Yes。
8. 時常給予，不求回報。
9. 不問意義，只問合理性。
10. 隨時隨地，自信熱情。

以上就是我對自己的要求，也是我自己的人生頂端設計。

我建議，看到這一章節的時候，你也可以開始動筆寫下你的人生頂端設計。如果沒辦法一次寫下十條原則也沒關係，能寫多少就先寫多少。

到現在，這十條原則已經算比較穩定了，不再做大幅度的修改。

但你要知道，現在看到的這個頂端設計版本，並不是一蹴而就的；它並不是最初的版本，而是經過不斷思考、數十次調整和成長反饋後的結果。

所以，你可以先設計一個初版，也許它不那麼完美也沒關係，隨著你成長出新的高度、新的感悟，再隨時進行調整和修改。因為，在你人生不斷前進的過程中，你的標準和原則也應該是不斷進步的。

請記住，標準決定選擇，原則決定效率，態度決定高度，格局決定結局。做好人生的頂端設計，找到人生的方向，過一個奔向頂端的人生。

# 就算輸在起跑點，
# 彎道超車也能贏

你是不是覺得，如果沒有好的起點，就很難獲勝？如果沒有贏在起跑點，就根本不可能贏？

從我自身經歷來看，並非如此。因為，我的起跑線，甚至不如正在讀這本書的你！

我人生中的第一個大挫折──大學入學考試失利。

還記得，高三前，我一直是學霸，也是大家口中那個「別人家的孩子」。我是理科生，每次理科考試都拿滿分，還得過全國物理競賽第二名。

結果我剛上高三時，一不小心失戀了。她是我的初戀，我們從國二開始，在一起將近五年。我瘋狂地想挽回這段感情，但女孩很堅決，打電話不接，傳訊息也不回。我每天茶不思飯不想，那時候每天的狀態，不是發呆，就是睡覺。在別人最忙碌、奮勇向前的時候，我卻一蹶不振，萎靡不前，成績一落千丈。

最後，我大考失手了，考上了一所二本 B 線[2]的學校。這所學校

---

2　二本 B 線：中國的大學分為一、二、三本院校。一本指的是全中國最頂尖的重點學校，會進行第一批的考生錄取，隨後考生檔案會轉由二本學校選取，其中二本學院還有分 A 類與 B 類，原則上 A 類學院優於 B 類，最後才是三本學校的選取順序。

別說你們，就連我在考上之前，都沒有聽過。報到的那一天，我來到學校，一看發現學長學姐很普通，老師很普通，學習氛圍也很普通，學校還高高地掛著一句很普通的口號「一樣的大學，不一樣的人生。」最搞笑的是，我考上了軟體學院，讀外語系。這就好比你今天考上了音樂學院，讀體育一樣諷刺。

住進學校的頭一天晚上，我失眠了，抱著被子，心如刀割，眼睛盯著黑漆漆的天花板，我心想，我已經進了這樣的學校，如果我繼續放任自己頹廢下去，大學四年以後，我可能真的印證了那條口號，過上「不一樣的人生」了，就是比別人都要差的人生。

我非常清楚，自己已經輸在了起跑點，我不能再輸在跑道上，我要一點一點地贏回來。既然這樣的生活不是我想要的，那我就給自己創造一個。

那天晚上，我做了個決定：每天早起讀英語。

所以，從大學開學的第二天起，也就是 18 歲的那一年，我每天五點半從床上爬起來，到學校一個叫做無邊湖的地方，開始讀英語。很多時候天還是黑的，為了抵住睡意，我時而放大聲量，時而手舞足蹈，活像一個瘋子。

我通常一讀就是兩個小時。因為學校裡沒有濃厚的學習氣氛，所以我是無邊湖的第一也是唯一，我成了湖邊獨特的風景。天亮的時候，我從湖的這邊總能看到對岸上課路過的同學，對著我的方向指手畫腳。

為什麼要這樣做？那時候我沒有很明確的目標，也沒有很清晰的理由，我只是無路可退，我必須彎道超車。人生很多時候，根本不需要任何理由，一無所有，就是最好的理由。

就這樣雷打不動，風雨無阻地堅持了半年。半年以後，有一次去學生餐廳，我捧著書，聽到排我前面的兩位女生在竊竊私語，其中一

個女生對另外一個女生說「你看，他就是那個……」我發現我被認出來了，很高興，我湊過去一聽，女生繼續說「他就是那個瘋子。」我又繼續把頭埋回書中。

大半年過去，大一下學期，我報名參加了學校的英語演講比賽。作為唯一參加的大一新生，我一不小心，就得了冠軍。為什麼說是一不小心呢？這不是自大和驕傲，而是本來對獲獎沒什麼期待，只是抱著試試看的態度，去鍛鍊一下自己。結果一下得了冠軍、最佳人氣獎和最佳口才獎。雖然這個意外很驚喜，但這樣也不好，因為一起參賽的還有很多大三、大四的學長姐，畢竟人家快畢業了，想來參個賽拿個獎留個紀念，結果讓你全拿了。

不過，這次得獎讓我堅定了我的方向是對的，我的努力是對的，我的彎道超車的策略也是對的。而彎道，不過是別人看不起、不屑用，甚至一不小心就浪費掉的時間和空間而已。

我又堅持這樣的彎道模式半年，到了大一的暑假，我注意到一則招募資訊：瘋狂英語在全國招募兩百名大學生助教。為了繼續鍛鍊自己，我又報名參加面試。

回想起來，面試的過程十分讓人忐忑不安。簽到的時候，看到前面的人填寫資料，學校名稱都簡短有力「中山大學」「暨南大學」，見到比較長的一個是「廣東外語外貿大學」，這些學校都是廣東區內乃至全國都數一數二的學校。而來到現場的人，都是我今天的對手。輪到我簽到的時候，只有我一個學校名稱那麼冗長，我老實地寫上「廣州大學華軟軟體學院」。

面試會場各路英雄雲集，競爭很激烈，我們這場來了一百人，最後只錄取三個。這短短十分鐘的面試，我利用過去一個月午休的時間，在無邊湖畔練習了一千遍。輪到我上臺的時候，我一分不差、一字不落地講完，表現十分精彩，幾個評委連連點頭，紛紛鼓掌。結果又一不小心，我得到全場最高分，我被錄用了。

最好玩的是，我們被錄用的三個人最後留下來，開始互相自我介紹。

第一個人說：「你好你好，我是華師[3]的！」

第二個人說：「你好你好，我是華農[4]的！」

我有點不好意思，又不得不說：「你好你好，我是華軟的！」

語音剛落，兩人面面相覷，他們可能在想，這是什麼鬼學校。

於是我淡定地說：「怎麼樣？沒有聽說過吧？」

他倆突然一下子握住我的手，激動地說：「聽說過聽說過，那是一所好學校！」

常言道，英雄不問出處；常言又道，不以成敗論英雄。你也許會想，到底怎麼才算英雄？我的經歷告訴我「英雄在別人心中」，意思就是「別人覺得你是，你就是」。

所以，有沒有發現，你在哪裡，不重要；你起點低，不重要；你沒贏在起跑線，也不重要；關鍵在於，你得清楚，你想要的是什麼？你要到哪裡去？你如何才能反敗為勝？

一旦你知道你要前往的目標在哪裡，你就能輕易發現彎道，再加上一點自律和自覺，最後實現彎道超車，曲徑通幽。

真正贏在起跑線的人很少，也沒有那麼多的起跑線能讓我們贏。比起贏在起跑線更重要的是，為自己創造一條起跑線，並發現一條屬於自己的彎道。

---

3　華師：全名為華南師範學院，是比中國的一本學院更加頂尖的大學。

4　華農：全名為華南農業大學，屬於中國的一本學院。

Part 1．為什麼要「成長，成事，成為極少數」？

# 「離峰」的人生
# 才舒暢

　　有一天，我和好友大鵬參加 GoPro（美國運動相機品牌）新品發表會。現場有抽獎活動，最大的獎品是價值約人民幣五千元（台幣約21500 元）的全新 GoPro 一台。現場陸陸續續坐滿，有媒體記者，也有工程師，熙熙攘攘幾百人，每個人都虎視眈眈，對大獎垂涎欲滴。

　　主持人宣佈規則：在場的各位手中都有兩張紙條，請在紙條的正面寫上自己的名字，紙條的背面寫上 1～100 中的任意一個數字。兩張紙條寫的數字可以相同，也可以不同。最後獲得大獎的條件是，你寫的數字是所有遞交的數字裡最小，且寫下這個數字的人數不多於兩個。最後達成這個條件的現場觀眾，可以獲得大獎。

　　聽完規則，我突然意識到，這個遊戲太好玩了，因為坑實在太大了。大鵬坐在我旁邊，異常興奮，他說，這不就是我們投行每天的工作嗎？志在必得了！大鵬是投行的資深分析師，每天和數字打交道，關於數字和概率的遊戲是他的專業，工作十年了，這更成了他的本能。

　　大鵬迫不及待地給我分析起來，1～100 裡面填數字，我覺得填1、2、3、4、5 的人都非常多，我們至少要填 6 或 7。於是他乾脆地在紙條上寫下 6，在另外一張紙條上寫下 7，然後信心滿滿地交給了主持人。我稍加思考，最後在我的紙條上寫下了 2 和 3，大鵬一眼看

到，哈哈大笑的說：「你太傻了，寫這兩個數字怎麼可能獲獎呢？」

我問大鵬：「為什麼不能？」大鵬說：「剛才不說了嗎，2、3 這兩個數字雖然小，但寫的人太多了，滿足不了得獎條件啊。」我笑一笑：「重在參與嘛！」

一小時後，發佈會接近尾聲，來到最後的開獎環節，大家目光如炬，嗷嗷待哺。主持人在公證員的監督下，開始統計遞交上來的紙條，大家都摒住了呼吸。

主持人宣佈：根據統計，遞交的紙條中最大數字是 88，最小的數位是 1，由於寫 1 的有三十三個人，不符合規則所以失去資格。目前最小的數字是 2，只有一個人，我們再看看接下來的數字 3，有兩個人寫，數字 4 有五個人寫。所以獲得大獎的，是這位寫上了數字 2 的參與者，主持人翻到紙條背面，讀出了我的名字。我從座位上迅速地站起來，奔向領獎臺，留下一臉驚訝的大鵬。

回去的路上，大鵬一路沉默不語，看得出來他在思考，而我把玩著剛贏回來的戰利品。大鵬最終忍不住問：「我還是百思不得其解，我的分析哪裡出了漏洞，你是怎麼做的？帥老師請賜教啊！」

我有點得意，趁機吹個牛說著：「你看，雖然你是投資專家，但我好歹也是幾家公司的商業策略顧問嘛！」

大鵬急了，說：「我知道你策略一直很牛！你就快說嘛！」

我清了清嗓子，跟大鵬說：「其實你的分析沒有錯，但你忽略了最重要的一點，大多數人是怎麼想的？這個遊戲表面上是猜數字，但實質上是猜人心啊。」

大鵬繼續問：「怎麼說？」

我說：「你看我們要選一個最小的數字，1 到 100 中毫無疑問就是 1；但由於每一個人手中都有兩票，大多數人會用其中的一票來碰碰數字 1 的運氣，所以這個數字可以不考慮。」

大鵬問：「那為什麼選了 2 和 3 呢？」

我說：「然後，我想到了討論 2、3 這兩個數字時你說了一句『這些數字都會有很多人選』。這反而提醒了我，不僅是這兩個數字會有很多人選，而且更多的人會跟你想的一樣！如果大家都在想『這些數字會有很多人選』，結果就是大家都不選，所以大家也都會像你一樣，填上更後面的數字。」

大鵬恍然大悟，隨即又陷入了沉思。

人生不也是這樣嗎？每一次的比賽和競爭，其實就是一場博弈，取勝之道有時候很簡單，就是「反其道而行」。

這也是我認為作為普通人，最有效的逆襲方式。所謂的博弈，就是大多數人這麼想的時候，你不這麼想；大多數人這麼做的時候，你不這麼做。更進一步的話，大多數人這時候想，你就換個時間再想；大多數人這個時候做，你就換個時機再做。

舉個例子，在放假日調整後，我們一年當中多了很多連假。你要是問我，對連假有什麼看法和建議的話，我會這樣回答。

按照剛才分析的博弈思考，我一定會回答你「待在家裡，哪兒都別去。」特別是短期連假！你想想，三天假期，要是去旅行，飛過去一天，玩一天，飛回來又一天，過程手忙腳亂，筋疲力盡，隔天一大早還得上班。這種行程兩個字可以形容，那就是「折騰」。這還不是重點，因為最折騰的還不是通勤，最折騰的是去哪裡都很多人，到哪裡都要排隊。

我的一位朋友，跟我分享了她上一個連假的經歷。她和閨密結伴到上海迪士尼遊玩，結果進大門排隊排了兩小時，進去後想玩的每個設施，平均都要排隊三、四個小時，基本上根本沒玩到什麼，整天在排隊就要累得半死。於是她們想，玩不了遊樂設施，那就拍些照吧，

結果拍出來的全是人頭。這就是她們的連假。

　　曾有人做過統計，如果你在中國，活到 70 歲，在你的人生總長度中，排隊一共要排八年。換個角度來想，節省八年下來，善加利用，你就相當於多活了八年，而不是把寶貴的時間，都浪費在毫無意義的排隊之中。所謂十年磨一劍，如果把排隊的時間都省下來，至少可以磨出一把短劍吧！

　　於是，在管理時間的方面，我給自己定了「3 個絕不」原則，一、人多的時段絕不出門；二、出門絕不去人多的地方；三、萬不得已遇上人多的情況，絕不浪費排隊的時間。

　　有人問過我「老師，你喝過喜茶[5]嗎？」告訴你，我喝過，不過是讓跑腿幫忙買的。因為最浪費你時間的是人多，最浪費你生命的是排隊。所以，看到人多的地方，就轉往人少的地方去吧；放假哪裡都人滿為患，就待在家裡吧。

　　但接下來的問題是：待在家要做什麼呢？

　　我上課時常和大家嘮叨過的，一般人的使用時間的方式，是大致相同的。這些相同的時間，通常是被分配任務的時間，比方說上班的時間。而人與人之間的最大區別，偏偏是你可以自由使用的時間所造就的，比如說每天晚上、休假日等。這就是我們上篇所說的，你能用來超車的彎道。

　　你可以利用三天的連假，看一部電影、讀一本書、再寫兩篇文章，然後和許久不見的朋友通個話，連假過得舒適自在，養精蓄銳，三天後元氣飽滿地投入工作。這時候，你不是贏在了起跑線上，你是為自己創造了一條全新的起跑線。

　　有人會說，我是個上班族，我跟別的上班族的步調是一致的，他

---

5　喜茶：喜茶 HEYTEA 為中國的知名手搖飲料店。

們上班我也上班，他們下班我也下班，他們放假我也放假。

我說，是啊，正因為你是上班族，所以才要打破這個迴圈。

怎麼打破呢？你是無法不上班的，所以唯一能做的就是，別人放假的時候，你不放。去做一些能建設自我、讓自己增值的事情。我粗略地估算了一下，二〇一八年的放假日加起來，一共有 115 天。我們別的不談，你光是想像一下改變這 115 天的活法，好好利用這些時間，你的這一年，會有什麼不同呢？

請相信，如果你能把握好別人放假的時間，不久的將來，你可能就不再是上班族了。你的時間可能由自己完全掌控，因為高度的時間自由，你可以進行全面的離峰生活，比如別人工作你放假，別人放假你工作。

什麼是高度的時間自由？高度的時間自由，不是你想幹什麼就幹什麼，而是你不想幹什麼就不幹什麼。比如說，比爾‧蓋茲（Bill Gates）約你明天喝下午茶，你可以說老子沒空，老子要去學潛水。

來到北京後，有幾次我在晚上尖峰時段出門，看到無數的年輕人堵在路上，擠在地鐵上，我就很納悶，他們為什麼要選擇在人最多最擠的時候回家呢？而且大多數人，所謂要急著回家，也就是吃個飯、看個電視、打個遊戲、滑個手機要發廢。這有什麼意思呢？

上班的尖峰你是躲不了，那下班的尖峰你不能選擇錯開嗎？

你可以選擇不去擠公車和地鐵，而是待在公司加一下班，也可以在公司附近輕輕鬆鬆吃個晚餐，或者在公司附近找一間健身房，下班後鍛鍊一下身體，甚至可以去上課學習新的語言。

這裡的任何一個選擇，都比擠公車和地鐵有意義，也更有價值。等你加完班、健完身、上完課出來，路上和車站皆人潮散去，這時候你再從容自在地回家，不好嗎？

記得有一次，朋友艾思問我：「帥老師，你能推薦我一個熱門的課程嗎？」我一聽，馬上否定了她。同時也建議她，不應該學大家都在學的東西。趁年輕，應該學些大家都不太學的東西，做些大家都不太做的事情。如此，在往後的路上，才能輕易地超越他們。

艾思似懂非懂，繼續問為什麼。

我說，如果大家都在學，大家都知道，隨便問個人就能得到答案，這個東西就不是知識，而是常識了。而且，一旦知道的人多了，這樣東西也會跟著失去價值。

這就是離峰人生的精髓：選擇那條少有人走的路。

不論學什麼，做哪一行，選哪條路，都是千軍萬馬過獨木橋，擠在同一個入口，爭先恐後，你死我活，頭破血流，同時浪費了很多無謂的力氣。這時候，為什麼不走看看不尋常的那條路呢？為什麼不試試另闢蹊徑呢？

請記住，你總有更好的選擇！

**選擇過「離峰」的生活，實質上就是不從眾，選擇和自己的動物本能對抗，也選擇勇於和大多數人不同。你只需要用一點勇氣，來替代原來在洪流中爭搶的力氣。**

在人生的道路上，學會博弈，養成離峰的思維和習慣，並敢於成為少數人。最終，你也會得到一個「意料之外、情理之中」的大獎！

# 野心，
# 也是能力之一

　　我以前是新東方的老師。在新東方時，同事都叫我東方之珠（豬）。我覺得非常難堪，於是痛下決心要減肥。

　　我選擇的運動方式是騎馬，結果騎了三個月以後，馬瘦了。

　　這就是我過去的野心。

## ▍發現自己的野心

　　還記得，我第一次發現野心的時候，是因為我媽媽，她是一位嚴母。那時我剛上國一，我頭一次碰到一個「野生」的外國人，我媽為了讓我鍛鍊口說，就把我一腳踹過去。我媽說，學了三年英語，看你能講幾句！

　　我跑過去以後，那個外國人熱情的看看我說「哎，中國小男孩比較可愛。」然後拍拍我的頭，說我長得像柯南。

　　當時我也緊張，學了那麼多年英語，腦袋裡卻只有一句話是 What's your name? 還沒有等我把這一句話說出來，他就已經開始自我介紹了！

　　老外說 "Hi, my name is David! What's your name?"

　　我抬起頭來，還沒打起精神，機械式地說 "Oh, David, what's your

name?" 講完以後，說了一聲 Bye 我就走了。我媽立刻說「才講一句，回去繼續！」

啪，又一腳把我踹過去了。我說的第二句話，我現在還記得。你猜是什麼？你想啊，我們從小到大，都會學的是什麼呢？就是 "This is" 和 "That is"

所以腦袋裡面就蹦出 "This is a desk!" "That is a chair!" 我的第二句話就是這樣說出來的，不過我發現，這個地方沒有桌子，也沒有椅子，我只好指著樹，跟他說 "That is a tree!"

老外有點無奈的說 "I know!"

我面紅耳赤，回頭一看，發現我媽在看著我！嘴形說著「還有一句！」我實在找不到別的東西了，只好指著自己說 "I'm a boy." 然後老外看著我，一臉疑惑地跟我說 "Ok! But I'm not interested in boys." 他說他對男的沒興趣，他以為我是同性戀。

那次以後呢，我的自信心受到了嚴重的打擊，覺得非常丟臉。

但是，這件事情，對我的人生來講，至關重要！因為，它幫我邁出了第一步！那一刻，我也下定了決心，要把英語學好！

如果你問我，什麼是野心？我會告訴你，野心就是在猶豫時，先邁一步；想放棄時，再多走一步。

## ▌野心，就是格外用心

記得我讀國三時，我們班主任，把我叫去辦公室。

她問我：「小帥，你打算考哪所高職呢？」

我以前是個不太喜歡學習的人，學習成績全班墊底，而且，我還早戀。我的初戀，就在國二。

但是我最討厭別人瞧不起我，也是頭一回面對如此的侮辱。我心想，我也是一個要考高中的人！我很生氣地問班主任說：「什麼

意思？」

班主任很鎮定，回答我：「以你現在的成績，頂多只能考上高職。」我氣一來，指著班主任的鼻子，撂下一句「你給我等著！」說著就摔門而去，出門的一瞬間，還聽到班主任說「我等著你考上心儀的高職。」

我悲憤交加，回到家以後，開始起早貪黑，埋頭苦幹，一天學習十六小時，就這樣苦苦堅持了一年，大考之前，我做了兩大疊跟我身高一樣的題庫。

結果，成績公佈的時候，我是全年級第二，當時我的女朋友，是全年級第一。當然，我如願考上了廣州最好的高中。

當再次回到母校，領錄取通知書時，我把成績單和錄取通知書，輕輕地放在我的班主任面前，她羞愧地低下頭，流下兩行熱淚，對我說「我錯了」。

那一刻，我突然懂了，野心就是「勞人所不願，勤人所不及」，最後「能人所不能」。

## ▌ 被誤解的野心

大多數人，對野心有誤解。我也說過，人沒有什麼厲害，最厲害的，就是自己騙自己。

你是怎麼騙自己的呢？

騙自己「有野心」的第一個方法是「喊口號」。

新的一年即將開始前，我見過很多人會在社群上寫下目標「我要學好英文，我要減肥，我要每一天寫一篇文章。」最多的一句口號是，「我今年要學好英語。」到了年底，你會見到同一批人在社群上懊悔「今年還是沒有學好英文！」

然後到了新的一年，這批人仍繼續立下相同的理想。

那些你一直想做而又沒做成的事情，基本都進入了這樣的迴圈。
請記住，沒有付諸行動的口號，不是野心，而是吹牛。

還有一種可能就是，你以為在社群上喊過口號，就是行動過了，這也不是野心，這是裝作有野心。按照慣例，雷聲大的人，通常雨點小；默默無聞的人，反而一鳴驚人。

騙自己有野心的第二個方法是「臨時抱佛腳」。這時候，你會看起來目標明確、動力極強。

一次四級英語[6]考試前十天，有位同學雄心勃勃，跑過來跟我說「老師，我想考好四級！但我單詞一個都沒有背，怎麼辦？」

我回他，我怎麼知道怎麼辦，只好送你四個字，重在參與。

結果這位同學很氣憤，說「老師，你就不能幫幫我們這些有野心的學生嗎？」我說，我能幫忙的前提，是你先幫自己啊！而且你這不是野心，是擔心！

真正有野心的人，真正想幫自己的人，會在四級考試的三個月前就來問我，而不是十天前。

最後，第三個騙自己有野心的方式是「虛幻的力量」。最近我下載了一個資訊 APP，過沒半天，我就移除了。因為我發現，使用這種類型 APP 的人，特別沉迷這種「虛幻的力量」。他們白天在工地裡搬磚，晚上回到家在網路上發表意見。他們用網路當盾牌，把鍵盤當武器，成為自己幻想中的超級英雄：鍵盤俠。

容易因虛幻力量而滿足的人，通常有個特點，就是喜歡挑錯，喜

---

6　四級英語：四六級 CET，為中國教育部主辦的大學英語統一測驗，每年舉行兩次，依難易度分為英語四級、英語六級。

Part 1・為什麼要「成長，成事，成為極少數」？

歡注意那些毫不相干的細節。他們的心理是「哈哈，你看我發現你錯了，我多牛，你多傻。」他們不知道，他們自己才是最傻的，因為他們只能看到別人的缺點，看不到他人的優點。

發現不了別人優點的人，就是不懂學習的人。而不懂學習的人，終將被時代淘汰。類似的虛幻力量還有，在路邊踹翻一個垃圾桶，在餐廳裡對服務生破口大罵，在公車上搶司機的方向盤，在超市偷偷捏碎十包泡麵。

## ▍被誤導的野心

除了你自己對野心的誤解，還會有人嘗試誤導你對野心的理解。

我見過網路上有位元老師，教育他的學生要有野心。每一天，他都會孜孜不倦地展示他名牌衣、名牌包，隔三岔五地炫耀他的豪宅和名車，還不斷叮囑他學生「今天揮汗如雨，明天揮金如土。」

我認為這不是野心，是貪心。真正的野心是，我不在意我身上的衣服多少錢，我只在意，因為我穿上了這件衣服，這件衣服可以值多少。就像我一些作家朋友，九十九元的衣服，卻因為是他穿了而值幾十萬。但反觀網路上的這位元老師，原本幾萬元的衣服，卻穿成了地攤貨。

食衣住行，都是生活的基本需求，不是生活的本質。我不明白一個人窮了多久，才會每天告訴別人自己穿的衣服有多貴？我更不明白一個人要多自卑，才會用一輛跑車來獲取別人的讚美和尊重？

而讓我難過的，不是這麼大的世界，有這樣的病人。而是，這樣的病人，居然是擁有兩百萬粉絲的網紅老師。他每天都試圖用各種物質來激勵別人要有野心。可是，這樣的野心是畸形的；在這種野心驅使下的行動，是可笑的。

打開你的社群平台，也一定會看見一些擁有假野心的人。他們有錢的炫富，沒錢的曬幸福，不然，就每天炫寶寶。那暫時沒錢沒幸福又沒有寶寶的呢？反正，就有什麼曬什麼。

比如我見過有人曬書，他買了十本書，都沒來得及看，便發一個貼文說「我是個愛閱讀的人。」然後配上和這十本書的合照。

另外，我還見過有人曬步數，截一個運動計步的畫面，然後發貼文說「今天我走了一萬步。」更搞笑的是，馬上有人回留言說「我走了兩萬步。」人的一天得多空虛，才會讓步數成為你最大的成就感？

這不是野心，而是虛榮心。

請記住，只有心放對了地方，才是野心。

## ▌ 沒有野心的人，最想要的是：你和他們一樣

人沒有野心，還不是最可怕的。最可怕的是，那些沒有野心的人，要把你變得跟他們一樣。

記得剛進新東方的時候，我第一次辦了千人講座。當時我還是個新老師，沒有任何經驗，很緊張。於是每天下課後，我都會跑回辦公室，用大把的時間來準備這個講座。

看到我全神貫注的準備，幾個前輩走過來，拍拍我的肩，說「小帥啊，就一個講座，隨便講就好。」那時候，我雖然年少無知，但好在我夠任性，所以沒有聽前輩們的勸告，依然每天加倍認真，努力準備。

兩個月後，那場千人講座獲得了空前的成功。不到一年，我成了新東方學校裡最受歡迎的老師。

幾年過後，我開始在網路授課，雖然我有實際的教學經驗，但網路教學對我而言仍是新事物。所以，每天下課後，我又跑進辦公室，埋頭苦幹地備課。這時候，一邊抽煙閒聊的幾個前輩又走過來，異口同聲地說「只是網路教學，不用認真準備啦！隨便講講就可以了。」

這句話引起了我的警覺，我心想，怎麼可以隨便呢！不過，我情商滿高的，我堆滿笑臉打發了前輩。不到一年，我成了新東方網路上，全國付費學員最多的老師。

　　後來，我離開了新東方，立志要成為一名作家。

　　一年多前，我開始寫自己的第一本書。因為寫作並不是我的強項，而我對自己的要求又很高，所以每天都把自己搞得焦頭爛額，才能勉強寫出一篇滿意的文章。

　　一次在飯局上，我遇到幾位前輩，他們知道我的近況後，其中的一位前輩迫不及待給我建議「小帥啊，你聽我的，你的第一本書，不用花太多力氣，隨便寫就好！」我心想，歷史總是驚人地重演。世界的陰暗面，我早都在新東方經歷過了。

　　但我還是裝作好奇地問「為什麼不用寫太好呀？」

　　前輩語重心長的回答「你第一本就寫好，如果後來的寫不好，怎麼辦啊？」我馬上接著說「前輩說得對，我敬你一杯。」

　　回到家後，我好奇地查了一下前輩寫過幾本書，果然銷量都不太好。所以，下次有人告訴你「你不用做太好」的時候，你要特別當心。而且記得，務必要反其道而行之。

　　會這麼說的人，要麼是傻，要麼是壞，必定是兩者之一。

　　要是真正把你當朋友的人不會這麼說，而會這樣「提點」你的，永遠不會是你真正的朋友。

　　請守住你的野心。你不去改變世界，你就會被世界改變。

　　我投入每一件事的態度是，我不能保證樣樣完美，但我能保證事事用心。這是我做事的初心，也是我成事的野心。

## ▌真正的野心

那到底什麼是野心？我總結一點是「野心向內，不向外」。

野心就是你發自內心地想突破現狀，並不知疲倦地向前，永遠希望自己更好。

有一次，我問尚龍[7]：「你至今一共寫過五本書，每一本都有好成績。那你自己覺得，哪一本寫得最好啊？」他的回答讓我毛骨悚然，他說：「下一本」。

那一刻，我懂得了什麼叫嚴以律己，我明白了什麼叫追求極致，我也徹底清楚了，什麼叫野心。

很快，我就把這種精神學會了。

有一天，我女朋友問我「你一共交過五個女朋友，每一個都刻骨銘心。那你自己覺得，最喜歡哪一個啊？」

我回她「下一個」。

結果被暴打一頓（唉，所以野心還是得放對地方啊）。

## ▌如何實現野心

有學生會問，該怎麼實現野心呢？

我的經驗是，爭取每一個機會。

我高中畢業的時候，因為失戀，只考上了一個很普通的大學。我為此感到深深的焦慮，因為我認為如果我的起點比別人低，那肯定我的機會也會比別人少。所以從那時起，我就鍛鍊自己養成一個習慣：抓住每一個機會。

---

7　李尚龍：暢銷作家。著有《你的努力要配得上你的野心》、《你只是看起來很努力》等等。

從進大學的第一天起，我每天早起，跑到湖邊練英語。就這樣雷打不動、風雨無阻地堅持半年。某天，我想驗收自己的學習成果。

正好當時外文系貼出了一張英語演講比賽海報。可是，海報文案上「現在開始報名」後還跟了一行字「只限大二以上的同學參加」。

我當時大一，但我還是想爭取，於是我就跑去找我們的輔導員[8]。

我跟輔導員說：「我想參加英語演講比賽。」

輔導員說：「不行，你才大一。」

我跟他說：「我只是想去鍛鍊一下自己。」

輔導員義正詞嚴：「不行，規定就是規定。」

我繼續爭取：「我求你了，我真的很想參加。」

輔導員很堅定：「不行，你不是大二的學生。」

我說：「我求求你好嗎？」

他說：「不行就是不行。」

我說：「那我請你吃飯吧！」

他說：「那也行！」

於是，我就學校門口對面請他吃了一碗蘭州拉麵，他就讓我參加了。雖然這次的比賽我沒有獲獎，但我明白了兩個非常重要的道理：

第一，大學是多麼黑暗！

第二，機會，都須要自己爭取。

**與其被動等待，不如主動出擊**。這個世界就是這樣，沒野心的人，永遠看到困難；有野心的人，永遠看到機會。同樣去了非洲，發現非洲的人不穿鞋，沒野心的人很傷心，覺得賣鞋給非洲人沒戲；有野心的人卻很高興，因為他覺得，可以向每一個非洲人賣鞋。

沒野心的人，永遠找藉口；有野心的人，永遠找出口。

---

8　輔導員：在中國，輔導員是學校公職人員，輔導學生的思想政治教育、日常管理、心理健康及就業等工作。

同樣是一個殺人犯爸爸的兩兄弟，最後一個成了殺人犯，而另一個成了員警。爭取機會，找到出口，就是實現野心的最佳途徑。如果你有野心，你要做的事情很簡單。沒機會的時候，拼命準備；機會出現的時候，拼命抓住。

我很喜歡一部科幻小說，叫作《三體》。

在《三體》中，有一個極端冷靜殘酷又瘋狂的人，一個被讀者評估為「震懾度100%」的人——湯瑪斯・維德。

沒有地球人喜歡他，最後他也因為「反人類罪」被判死刑。但事實證明，唯有他選擇的方向，才是人類唯一的活路。而人類選擇的那個充滿愛的領袖，卻一次次地扼殺了人類最後的生機。

維德說過兩句讓我印象深刻的話，一句是「你們認為沒有路，是因為沒有學會不擇手段。」另一句更直接「失去人性，失去很多；失去獸性，失去一切。」

而這裡說的獸性，我認為，就是每個人都該擁有的野心。當然，對於那些瞧不起你野心、嘲笑你夢想、對你指指點點的人，你不必解釋。因為懂你的人，不需要你解釋；不懂你的人，解釋了也沒用。

你唯一需要做的，就是奮力往前奔跑，直到有一天你回頭，這些人已經不在你的身後。

最後，我想跟你說，在30歲之前，你對這個世界，可以沒有認知，也可以沒有想法；你可以沒有方向，也可以沒有能力，甚至可以沒有野心。你可以自甘墮落，也可以一事無成，但請相信我，到30歲之後，你就慢慢習慣了。

未來不留給你我，未來只留給不忘初心、擁有野心的人。

# 突破現狀的
# 祕訣

你有沒有想過，我們每天努力地生活，拼盡全力地成長，到底是為了什麼？請你花兩分鐘的時間，停下來，思考一下這個問題，寫下你的答案。

有的人回答可能直接的回答「要賺錢！」，有的人則比較婉轉的說「讓生活更好一點」。這些目標都沒錯，我相信它們也能為你在特定階段裡，提供相應的動力。但如果我們想得遠一點，再深一層呢？「你努力生活，拼命成長，到底為了什麼終極目的？」

我回顧過去十年的野蠻成長，最終得出答案，努力就是為了改變現狀，過上另外一種生活。

## ▍成長的目標

但是現狀是什麼？另外一種生活又是什麼呢？或許你不曾想過，或不敢想像有另外一種生活。我們不得不承認我們都是普通人。曾經的我，現在的你，都不例外。問題是，作為一個普通人，該如何成長，實現自我超越呢？

我有一個創辦四年的菁英社團，叫作《千分之一俱樂部》。一開始，大家都不明白為什麼要叫「千分之一」。

其實「千分之一」的理念很簡單。人想要快速成長就要有一個明確的目標，目標太小沒動力，目標太大又難以實現。所以，一個對生活現狀不滿、想要突破當下困境和瓶頸的普通人而言，成為百分之一太簡單，成為萬分之一又太難，他最恰如其分的目標，就是成為千分之一。《千分之一俱樂部》的目標，就是讓大家成為千人中的最出挑之一。

有趣的是，千分之一的英文，是 one in a thousand，如果取其意境重新譯為中文，它的意思就是「少數人」。

一直以來，我們受的教育和觀念，都是要把我們培養成多數人。比如說，要合群、要找一份穩定的工作、不要發表異見、不要質疑權威等等。無論你處於哪個階段，如果你從來沒有做出改變和調整的話，你正在執行的就是一種「多數人模式」──你想的跟多數人一樣，你關注的跟多數人一樣，你做的也跟多數人一樣。

但偏偏人生想要活出精彩，發揮出自己獨有的光和熱，你就要勇於不同流合汙，你就要跳出框架思考，你就要反其道而行之。你要成為少數人，甚至是極少數人。

只有你跟多數人不一樣的時候，你的未來才能不一樣。

這就是我們成長的目標，你要開始學著活成少數人的樣子，甚至是極少數人的樣子。因為，少數意味著好，少數意味著優秀，少數意味著不走尋常路。而極少數則意味著最好，意味著最優秀，也意味著例外。

多數人，就是你的現狀；少數人，就是另外一種生活。少數人的活法，就是另外一種活法。

## ▌ 成事的思維模式

這個世界是誰創造的呢？沒錯，是少數人。

原因是，少數人的思維跟多數人不一樣，所以他們能把事情做對，最後把事情做成。少數人的思維，就是成事的思維。

你可能會問，少數人的思維是怎樣的呢？多數人的思維又是怎樣？我總結了一下，列出以下的重點。你可以摘錄下來，作為提高自我的要求，也作為努力的方向和目標──

少數人輸出，多數人輸入；

少數人計畫，多數人迷茫；

少數人做事，多數人做夢；

少數人堅信，多數人懷疑；

少數人反思，多數人抱怨；

少數人任性，多數人認命。

少數人充滿希望，多數人膽戰心驚；

少數人幫助別人，多數人麻煩別人；

少數人無私分享，多數人肆意索取；

少數人保持前進，多數人半途而廢；

少數人日事日畢，多數人推託延遲；

少數人總找方法，多數人老找藉口；

少數人終身學習，多數人隨機學習；

少數人嚴於律己，多數人自我放棄。

把上面的這些特點做一個總結，我們就能輕易獲得成事的準則，那就是「越輕易的事，越不要輕易去做。」

比如，你可以想一想，晚上回到家吃完飯，躺在床上滑手機，容易不容易？容易，所以不做。但吃完飯，坐在書桌前看書，容易不容易？不容易，所以去做。**因為慵懶是人的天性，做容易的事是本能，**

但總是做容易的事，難以鍛鍊出真本事。要成大事，就要開始反本能，要逆天而行。

又例如，智能手機時代，在網路上留「一句」評論，容易不容易？容易，所以不做；但留下「一段」評論，容易不容易？相對不容易，可以做。看到訊息通知就馬上點開，容易不容易？容易，不做；看到訊息通知後不點開，容易不容易？不容易，所以要做。

有衝動很容易，有自控卻很難。

所以，**在衝動的時代，你要學會珍惜你的發言權和注意力**，這是成事的前提和必備條件。

你不必改變潮流，也不必成為大浪，但你可以努力一下，成為一股清流。如果你不好高騖遠，踏實地設定目標，希望在自己的專業有一技之長，或在競爭的領域有一席之地，在你的小圈圈鶴立雞群，更哪怕只是把目標設為提高一千或兩千元的每月收入，生活也會有所起色。這個時候，看上去普通的人，也會不那麼普通。因為最起碼，你已經做成一件事了。

你若能成就此處，必能成就四方。人只要能做成一件事，就能做成下一件事。

你已經當「多數人」很多年了，從今天開始，慢慢開始改變吧，做一個有成果的少數人。因為這個世界只會獎勵、錄用和容忍能成事的人。

## ▍成為極少數的原則

著名小說家史蒂芬・金（Stephen King），在《穹頂之下》這本小說中，寫了一句簡單又發人深省的話 "We are what we do."

意思是我們做什麼事，決定了我們會成為什麼樣的人。如果你已經打算成為極少數，要做什麼事？又該如何開始？我總結了三點原則。

### 原則一　結伴學習，及時反饋

養狗的經歷，讓我重新反思了學習這件事。我的邊境牧羊犬來到家裡後，每天都有新的變化。每一天，牠都能學會新的東西。

第一天，牠認識了睡覺的位置；第二天，牠學會了在哪裡上廁所；第三天，牠聽懂了坐下的口令；第四天，牠知道如何爬出籠子；第五天，牠明白了肚子餓的時候要大叫。

雖然說邊境牧羊犬是號稱全世界最聰明的狗，但我在想，牠到底是怎麼學會可以吃什麼？可以咬什麼？什麼能做不能做？牠怎麼懂事的呢？

到底牠怎麼知道的？答案就是：我。更精準地說，是我給牠的反饋。牠做對了，我就笑；牠做錯了，我就兇。牠從我的反應中捕捉到回饋，學習便產生了。

就像你一個人獨自背單字，肯定沒效率！為什麼？因為你只是看了一眼單字，充其量是知道了，但你背會了嗎？你不知道。原因是你的身旁沒有一個學習夥伴，陪你練習聽寫、幫你抽背，沒有互相詢問的人，所以你得不到任何反饋。

要想加強學習效果，就必須找一位學習夥伴。學習夥伴對你的最大作用，就是能給你及時回饋。你看，汪星人的學習夥伴，不正是我這位主人嗎？有句英文說得好 "If you want to go fast, go alone; but if you want to go far, go together."（如果想走得快，那就一個人走；但如果你想走得遠，就要一起走。）

沒有反饋的，叫知道；有反饋的，才叫學習。

從大方向講，所有在學習上的輸出，都是為了從世界中獲得反饋，從而幫助你進一步調整，確認自己能保持做正確的事。大多數人只知道埋頭苦幹，只有極少數人會追求反饋，不斷修正。

### 原則二　只用作品說話

網路和社交的工具進步後，給了我們更高的話語權，也讓我們更有機會發表意見。但往往越容易得到，就越不珍惜；越是便利，就越不在意。

當你不在意，就會開始亂說話；當你開始亂說話，你就會失去好好表達的能力。在網路上，隨意貼個雞湯金句，發個表情貼圖，其實都是在殘害你的表達能力。

越容易發聲的時候，你應該更警惕。在我的社群裡，所有成員都會默契地保持沉默，因為我們達成了一個共識「不說話，用作品來說話」。與其群聊，不如利用同樣的時間寫一篇文章。文章同樣可以表達觀點，可以寫出高見，但不同的是，寫文章的門檻更高，難度更大，對你來說更有挑戰性。所以你在表達的同時，也在提升自我的能力。更重要的是，你有作品了！哪怕它只有五百字，哪怕它只是一個小品文。但是，這就是改變的開始。

時時刻刻注重成果，時時刻刻產出結果。未來不留給紙上談兵的人，未來只留給有產出作品的人。

### 原則三　兵貴神速，即刻啟動

天下武功，唯快不破。其實天下所有事，都是唯快不破。不過這裡強調的「快」，不是達成結果的快，那樣會焦慮，會沮喪，會急功近利。

我們所說的快，是快速啟動。凡事做了再說，錯了再調整，追求先完成後完美。快不保證會贏，但慢了一定會輸，因為，快速啟動後，即便錯了，還有時間和機會修正；但如果啟動太慢，錯就是錯了，只能成為千古恨。

其實，所有人都依照「慣性」活著。什麼是慣性？

慣性就是停下來的，就不容易動起來；動起來了，就很難停下來。所以，要打破你原有的慵懶慣性，只有一個方法：快！點！動！起！來！

　　擁有一個讓自己更好的念頭、清晰的目標，再重塑思維和行動標準，並慢慢將自己的生活灌注以上三個原則。相信我，你一定會更好，所有發生在你身上的事情，也一定會更好。
　　因為你正在成長，成事，成為極少數。

# 不失敗的前進姿勢

## ▋第一個姿勢：重複

我人生中第一次領會到極致，是我面試當新東方老師的時候。

新東方有世界上最變態的面試，一共分為五輪。

第一輪，是五分鐘的面談，主要看你長得像不像個人、有沒有基本的表達能力。第二輪，是筆試，主要考查你的專業能力。

我前兩輪都比較順利地通過了，就來到了比較可怕的第三輪，批課。批課通常就是，你回去準備一堂長度一小時的課，準備好了就來試上，從早上九點開始講到晚上九點，反覆地講這一小時的課。

這時候下面是誰聽課呢？不是學生，而是那些教課十幾年的名師。因為他們太有經驗了，所以他們會想盡辦法來影響你講課，一方面是看看你面對干擾的能力，另一方面呢，就是看你對課程的熟練程度。

比如你剛開始講課，他們不會認真聽，有的開始織毛衣，有的開始吃泡麵，有的開始互相交談、竊竊私語，還有的甚至開始摳腳。後來你認真一看，發現吃拉麵和摳腳的，是同一個老師。你不能被影響，只能視而不見，硬著頭皮往下講。

你以為他們沒在聽嗎？其實不然，他們都有聽。如果覺得你講得

不好，台下的前輩就會跳出來打斷你，告訴你前面四十分鐘講得不好，重新來一遍！你就得重來一遍。

一個小時相同的課，反覆講，反覆被批，反覆調整，反覆再被批。直到我們有了穩定的語速、情緒和風格。這僅僅是一小時的課程，就要被批半年的時間。半年後，你才終於知道，什麼叫真正講好一節課。

批課的日子都是絕望的，被批評的每一天感覺自己都死去一次，然後第二天又活過來，繼續被批。我看到無數的老師在這期間被氣哭，被罵走。從一開始一百人，通過批課進入下一輪的，往往只剩下二十人了。

後來我知道，為什麼新東方要如此嚴格地要求老師，要把老師逼向極限，讓老師做到極致？目的就是，透過把自己逼瘋，從而把對手逼死。

什麼是把自己逼瘋呢？或者說，什麼才是真正的瘋狂呢？

物理狂人愛因斯坦，曾經給瘋狂下了個定義，他說"Insanity is doing the same thing over and over again, and expecting a different result." （瘋狂，就是一次又一次，不斷重複做同一件事情，並期待結果有所不同。）

大量投入行動，反覆演練，直到世界因你而不同，這是我們前進的第一個姿勢。

## ▍第二個姿勢：孤獨

我通過了第三輪的批課以後，進入了更變態的下一輪。

第四輪，叫磨課。好像帶有「磨」字的事情都比較痛苦，比如說，磨煉、磨難。

什麼是磨課呢？就是現在你不準備一小時的課了，你要回去準備

二十小時的課程，把逐字稿寫下來、背下來。準備好了就開始試上，每天從早上九點講到晚上九點。

這個時候，誰來聽呢？沒有人來聽了，那些前輩都不來了，直接給你安排一個空教室，讓你在裡面對著空氣講課。

也許你想，那不就可以偷懶！誰知道你有講沒講呢！

你太天真了，新東方的教室都有監視器。據說，主管會通過監視器，觀察你的一舉一動，最後給你一個綜合評價。

這才是最恐怖的，你不會知道主管什麼時候看、什麼時候不看，所以你無時無刻，都必須表現得精神抖擻、氣勢磅礡。

有時候，你還得進行虛擬互動。明明那個椅子上沒有人，但你還要指著空位說，這位同學你別睡了，你看看我們這個題目的答案，你選 C 對不對！沒錯，這題的答案就是 C。

我們就這樣磨課。但新東方大多數的學生都不知道這件事。我們其中幾間教室給學生上課，而另外剩下空教室，就安排給新老師磨課。所以有些學生下課經過教室，從門上的玻璃往裡面一看，發現一個老師，正在手舞足蹈地，對著空氣充滿激情地講課，以為這裡發生靈異現象，就跑去退費了。

磨課的過程一般持續半年到一年。這半年，陪伴你的只有那一個空蕩蕩的教室、監視器和一份幾十萬字的逐字稿。

偶爾對著空蕩的教室，會百感交集，莫名的孤獨感湧上心頭，讓人哽咽，眼淚不自覺地流下來。

你非常清楚自己想要的是什麼，所以你用衣袖拭去眼淚，繼續繪聲繪影地講課。

我的經驗是，人生要真正成長，痛苦是標準配備，而孤獨是頂尖配備。一個沒有痛苦又不曾經歷孤獨的人生，可能只是十五天試用版。沒有挑戰和難關的遊戲不會好玩，沒有痛苦和孤獨的人生也一樣。

請記住，若要走出平凡，必先走進孤獨。這是前進的第二個姿勢。

## ▌第三個姿勢：內部動力

如果前四輪都順利通過了，就進入了第五輪，試用期。試用階段才是最變態的。因為這個時候，你就得真正登上新東方的講臺，接受新東方學生的考驗。

每堂課結束後，新東方都會請學生為老師評分，滿分是 5 分。

有的同學比較奇怪，他的評語寫「老師講得非常好，下次還會推薦別的同學來上老師的課」然後評，3 分。

有的同學寫「老師太胖了」，2 分。

還有同學寫「老師是男的」，1 分。

學員來到新東方，對老師是挑剔的，是高要求的，也是有期待的。他們有一個共同的期待，就是能學到東西，且學習的過程更有趣。所以，他們就特別希望老師幽默。

你要知道，並不是每個人天生都有幽默感。但為了盡可能滿足學生期待，新東方的老師，都努力學習如何變得更加幽默。

但有些人真的很沒有天賦，他們的幽默很僵硬。比如說，曾經有一個老師，講課講到一大半，把電腦一蓋，一臉嚴肅地說「今天，我們的課程進度都講完了，接下來我給大家講一個笑話。」

你有沒有覺得，在你給別人講一個笑話之前，不需要通知別人你在講一個笑話。就好像，你今天穿一件運動服，上面不會寫著「運動服」三個字。

雖然笑話講得僵硬，但最起碼這位老師已經開始嘗試了。開始了，就比從不開始還要強。

你別以為講好一個笑話、做好一次幽默的表達，看起來是件很簡單的事情。有時候你不小心，還會講錯。

之前我做教學培訓師，專門負責教老師講段子。有一位老師，她正要去給國二的孩子上數學課，主題是「平行線」。

這位老師在上課前，專門跑來辦公室，請我替她把關。她說：「帥老師，我為今天的課想了個笑話，你幫我聽聽，看怎麼樣？」

我說：「好啊，你說吧。」

她說：「我打算問我們班同學，猴子為什麼不喜歡平行線啊？答案是：因為平行線，沒有相交（香蕉）。」

我聽了覺得不錯，因為國二的孩子也比較容易滿足，便告訴她放心去吧。結果等她下課回到辦公室，我看到她一臉不高興，我就問她講得怎麼樣。她一臉懊悔，握著拳頭跺著腳，說：「唉，別提了，我上課的時候一緊張，一激動，就把問題給問錯了！」

我說：「你問什麼呢？」

她說：「我問說，同學們，猴子為什麼不喜歡香蕉啊？」

同學們就很納悶了：「老師，猴子為什麼不喜歡香蕉啊？」

你看，即便準備充分，到了臨場發揮，可能還會出現差錯。

也許你會好奇，為什麼新東方能出來那麼多牛人？新東方老師，又為什麼會與別的老師感覺不一樣？答案就是，我們有過你難以想像的壓力和磨練，而這些磨練，對於一個普通人在其他地方，根本不可能得到。

但更重要的是，這些外部的刺激，嚴格的標準和要求，都慢慢地轉變為我們內在的動力。而這些內在的動力，讓我們每天都進步一點點，讓我們不斷地前行。

把外在刺激轉化為內在動力，不斷前進，達到極致。這是我們前進的第三個姿勢。

## ▌第四個姿勢：心無旁騖

以前我的眼中，這個世界上只有兩種老師，分別是：新東方老師、其他老師。

直到前幾年，兩種老師變成了三種老師，分別是：新東方老師、其他老師、「不是老師」的老師。

二〇一七年是知識付費的高點，那些不是老師的人，也開始當老師了。比如說，沒有寫過爆文的人，開一個寫作課，教人寫爆文；長得像鬼的人，開課教人形象管理；話都說不清楚的人，開課教人高效溝通。

這時候，人心變得空前浮躁。大家都紛紛樹立自己的個人品牌，開始往自己的身上貼各種標籤。

我見過比較好玩的。一開始，有人的標註「#早起」，然後出現了更厲害的標籤「#每天早起」，最後出現了一個最厲害的「#每天早起吃早餐」。

什麼時候，每天早起吃早餐，可以變成個人標籤了？如果是我，我一定會把自己的標籤改為「#每天早起不吃早餐」，因為它聽上去更牛。

這些所謂的個人品牌或標籤，無一例外，都有一個特點，就是它們都在追求成為某種程度上的極致。

但這不是真正的極致，它們只是看起來很極致。

看起來的極致，其實是無力；看起來的有理，其實是掩飾。

有一年我參加一個行業的大會，到了酒會環節，大家開始互相自我介紹。

第一個人說：「你好，我是世界記憶大師，誰誰誰。」

第二個人說：「你好，我是超級演說家冠軍，誰誰誰。」

我想了一想，我好像沒有什麼聽起來很厲害的頭銜，但面子不能丟，只好跟他們說「你們好，我是正宗的吃貨，帥健翔。」

　　我認為，如果一個人的標籤在他的名字前，他就活反了，不管這個標籤看起來有多厲害。

　　請記住，極致永遠不是聽起來有多棒，也不是看起來有多好，而是把事情做完了以後有多厲害。而且，你有沒有發現，一般說出來的，都做不到。而越做不到的，越要說出來。

　　比如，那個發誓「我要學習」的人從來不學習；那個立志「我要減肥」的人永遠瘦不下來；那個保證說「我愛你」的人，其實並沒有那麼愛你。

　　本質上越沒有的東西，表面上就越要顯得有。

　　比如，天天在社群上打卡讀書的人，表面上很自律，實際上，自制力反而偏弱；而天天發書曬書的人，看似熱愛學習，但實事上，肚子裡的墨水，可能少得可憐；發文吃山珍海味的人，可能是平常吃得不算好，也有可能他本來就是賣美食。

　　你是什麼樣的人，偏偏不會那樣說自己。真相通常都是反的。

　　我寫過一篇文章，叫《未來只留給有野心的人》，裡面有一個最重要的觀點，「野心向內，不向外。」能把事情做到極致的人，也一定會從自己的內在，去尋找那個更好的世界。

　　因為，只要你試圖向外、試圖展示、試圖炫耀、試圖顯擺，離極致就會差了那麼一點點。而差了那麼一點點，就不是極致了。

　　你本該全心全意放在食物的美味上，卻邊吃邊拍照、邊發文，就註定嘗不到美食最原本的味道；你本該全心全意放在寫作的內容上，卻邊寫邊想著稿費，就註定你的作品成不了傑作；你本該全心全意放在閱讀的文字上，卻邊讀邊想著怎麼讓自己看起來更有學問，就註定最後的學習效果事倍功半。

你關注了無關緊要的事情，卻忘記了做這件事的初心，最終只能無法成為極致。全心投入，心無旁騖。這是我們前進的第四個姿勢。

## ▍第五個姿勢：順勢而流

但是，成為極致就是努力嗎？或者說，努力，就能達到極致嗎？

我想說，你想多了。

我們知道條條大路通羅馬，但我們忽略了，有的人，本來就生在羅馬。好比我們知道醜小鴨會變成白天鵝，但我們忽略了，醜小鴨的父母，本來就是天鵝。

**我們要看到自己的可能，也要看到自己的限制。**

一個人真正成熟的開始，就是願意承認，其實自己也有很多不擅長的事物。只要是你不擅長的事，你再努力，也永遠不可能達到極致，更不可能成為極致。

你沒必要複製別人的活法，你也無法用別人的地圖來走自己的路，你只需要記住，每個人都有自己的花期，總會有你綻放的時候。

所以，你不僅要找到自己的核心競爭力，還要找到自己的獨家競爭力。你要看看你的身上，到底有什麼樣的能力，是屬於「僅此一家，別無分號」的？有什麼素質，是絕無僅有的？自己的能力和素質，放在什麼地方，會最有用？

要想達到極致，努力是必備條件，但天賦，是先決條件。

請把你的努力，都用在你的天賦上。天賦就是你天生的優勢，你要做的，就是順勢而為。想要成為極致，更要順勢而為。這是前進的第五個姿勢，也是最重要的姿勢。

要前行，要一路高歌，先要方向正確，然後姿勢正確，當你把所有事情都做對了，極致的結果自然會出現。

# Notes

歡迎寫下這個章節帶給你的反思、體悟或靈感！

# Part 2

優秀可以是天賦，更能是刻意練習

# 天賦，
# 就是努力用對了方向

我是個撲克高手。就我的觀察，在任何一種撲克遊戲裡，最常輸掉的三種狀況是：

1. 拿一手好牌，卻太早放棄。
2. 拿一手爛牌，卻太晚放棄。
3. 沒搞懂比賽規則，胡亂出牌。

人生，不也是這樣嗎？好牌爛牌，是你的天賦和資源；什麼時候出牌，什麼時候放棄，是策略和選擇；但決定如何運用天賦和資源下策略和做選擇的，偏偏是第三種情況，對比賽規則的認知，又或者說，對比賽本質的認知。

如果你只停留在比賽的表面，不關心比賽的本質，你就永遠不會成為高手，也沒有機會成為優勝者。

你要開始學會分清什麼是現象，什麼是本質。因為現象可能迷惑你，只有本質才能引領你，在對的方向上，用對的努力，把天賦發揮到極致。而用對力，就是在事情的本質上用力。我經過大量的自學、教學、實踐和總結，我發現，在本質上努力有三個層次。

## ▎第一個層次：內在的規律

世間萬物，皆是知識；生活，是最好的教科書。

我們用「學習」來舉例。

學一個新事物的時候，不能只停留在表面，見山是山。你要學會馬上去關注這件事情的規律是什麼，也許找到規律會花一點時間，但規律的主要作用，是讓你舉一反三、一理通百理明，後面再學其他新東西的時候，就會變快了。

就像精準溝通是為了以後不浪費時間反覆溝通。回家後放好鑰匙，是為了下次出門不浪費時間找鑰匙。

解決問題的最好辦法，就是不讓問題發生。找出規律，是為了以後不花時間從頭開始。所以，想要學習，就得瞭解學習的套路；想要耕種，就得明白節氣的運作；你要和人打交道，就要知道人性的弱點；你要創作，就得清楚創作的規律。

比如，寫故事的規律。我從小就愛看武俠小說，你會發現，當你看過一百部武俠小說後，自己也能寫出一部，為什麼？因為你已經非常清晰武俠小說的規律和套路。

今天我來給你出個題，讓你用五分鐘的時間，構思一部有頭有尾、高潮迭起的武俠小說。看起來有點難，但經過我的引導，你就能隨意寫出來。

我們先來思考第一個問題，如果我要寫一部武俠小說，我要給主角取一個名字。我問你，按照你瞭解的規律，通常主角要用單姓還是複姓呢？肯定是複姓，比如說歐陽鋒、獨孤求敗，還有一個更牛的，叫東方不敗。你想，如果他是單姓的話，感覺就很奇怪，比如他姓王，叫王不敗。所以，你得到一個結論、找到了取名字的規律：高手用複姓，平凡人用單姓。

第二個問題，我們要給主角配一件武器，該選擇什麼呢？肯定給他配一把劍，因為按照武俠小說裡的規律，武林高手要嘛用劍，要嘛用掌。武器比較奇怪的，通常活不過出場當晚，像什麼金刀王元霸，就是一出來兩頁紙就被砍死的那種。所以，武器不是用劍，就是赤手空拳。

　　第三個問題，我們在開頭要給主角設定一個背景。我想問，他是一開始就很牛，還是慢慢變得牛？肯定慢慢變牛啊！一開始就很牛，這個故事還有什麼好看的。所以，按照規律，通常這個主角的背景是「身負血海深仇」。比如說有一天主角回到家，一腳踹開他家大門，發現家裡所有人都死光了，包括他爸、他媽，甚至連他們家的狗，全都死掉了。這時候，主角傷心欲絕，跪倒在地，仰天長嘯「這是誰幹的？！」話音剛落，暗處裡跳出七八個黑衣人，說「這是我們幹的，連你也逃不掉！」主角就很尷尬，因為黑衣人武功都很強，主角一開始非常弱，所以打不過，只能逃跑。

　　第四個問題，安排起伏情節要有矛盾衝突點。所以「逃跑」有沒有規律呢？必須有！國外有一群電影愛好者，建立了一個網站 TV Tropes，專門收集小說電影電視劇裡的各種橋段。如果你想在故事中加入一段追逐戲，TV Tropes 會告訴你，追逐戲一共有 57 個經典橋段可選。只要用了這些橋段，追逐場面才精彩，故事就會叫座。

　　像是當被追的人比較愚笨，那就讓他往高處，例如往樓頂跑，結果就是他會陷在那裡，《金剛》中的猩猩，用的就是這個橋段。同樣，我們這位一開始平凡的主角，要逃跑到什麼地方去？答案是懸崖。主角在前面跑，黑衣人在後面追，一路跑，一路追，就到了懸崖的邊去。

　　第五個問題，主角現在會不會死？故事才到一半，肯定不能死。

所以，在懸崖邊的結果，他一定會跳下去。主角光環護體，他沒有死。按照武俠小說規律，他會遇上兩種情況。第一種情況是，他會撿到一本書，書上記載了曠世武學，主角自學成才，然後離開山谷，殺死他的仇人，故事結束。第二種情況是，他會遇上一位武林隱士，給他一本書，之後的發展跟第一種情況一樣，我們不再討論。

另外一種情況是，這個隱士通常是個老頭，開始教他武功絕招。因為主角很菜，教他武功的時候，你覺得這為隱士高手會一天一天慢慢教，還是直接把功力傳給他？按照規律，肯定是手把手地教。等到老頭快掛的時候，再把功力傳給他。通常的情況是，老頭和主角兩個人坐在一起，背靠著背，然後兩人開始冒出纏繞的白煙，直到煙霧彌漫，老頭噴出一口鮮血，掛掉了，主角得到了高等無上的功力，逃出山谷，開始尋仇報復。

第六個問題，劇情到了這個時候，只講報仇有沒有意思？肯定沒意思。所以一定會出現什麼？一段感情。劇情安排就是，主角脫離山林，遇上了心動的她，於是一邊找他的仇家報仇，一邊糾結在纏綿悱惻的感情中。

最後，第七個問題，結局是什麼？按照規律，結局也有兩種，一種叫皆大歡喜，就是直到主角殺光了所有的仇家，帶著嬌妻孩子，隱居山林，過上了平凡的日子。另外一種結局，叫作人性的選擇。主角深深地愛上了偶遇的女孩，殺到最後一個敵人後，竟發現幕後大老闆，是女孩的父親。如果不殺死他，愧對祖宗；如果殺了他，會失去心愛的女人。這個時候，人性會做出什麼樣的選擇？是選擇愛情，還是選擇報仇？當然是選擇原諒他啊！

這就是一部完整的武俠小說。別看我說了挺多，現在你腦海中，用不到五分鐘也能想出架構。

本質是所有現象的來源，規律是本質的一種呈現。沒有達到本質

的思考，就不算思考；沒有達到本質的努力，就是白費力氣。掌握了事物運作規律的人，也就掌握了世界。

## ▍第二個層次：元素思維

二〇〇九年，我第一次面試新東方學校的老師。

看到招聘消息的時候，離截止時間只剩兩天，也只剩二十八天可以準備面試，偏偏我是那種寧願死得壯烈，也不願活得平庸的人。

我覺得，我沒有退路。既然新東方是我一直以來的夢想，我就拼盡全力，放手一搏。結果，我過五關斬六將，通過了所有的關卡，成為大家眼中神一般的新東方老師，那時候，我才大二。

在大多數人眼中，我很幸運。甚至有人覺得，我太有天分了。但只有我自己知道，我能獲得這個結果，跟運氣一點關係也沒有。可能就連天分也搭不上，或者說，最起碼在當時，我還沒有發現。

我只做了一件事：充足的準備。在不到三十天的時間裡，訓練自己，從一個完全不會講課的人，到滿足新東方的講師標準。

也許你無法理解，新東方對一個好老師的要求多麼可怕。打個比方，假設你完全沒有公眾演講的經驗，現在給你四周時間準備，做一個五百人的演講。演講過程只能完美、不能出錯，演講後觀眾好評如潮，你覺得可能嗎？

大多數人聽了心裡都打定不可能。但這確實就在我身上發生了，也是受那次經歷的啟發，我開始思考，怎麼進行高效學習？我開始歸納，在這二十八天裡，我做了什麼？而且，我做對了什麼？最後，我整理出一套可複製、可執行的方法論，我把它稱為「元素思維」。

元素思維的理念其實簡單。我們可以從自然學習，從宇宙本質去思考，這變化萬千的世界，其實是由基本的元素組成。

古巴比倫人和古埃及人，曾把水看成世界主要的組成元素。古希臘的自然哲學，提出了著名四元素說，認為萬物是由水、土、氣、火這四種元素構成；另外，我們的祖先也創立了五行學說，解釋世界的構成元素是「金、木、水、火、土」，後來五行學說也成了中醫的理論基礎。

　　所以，從大到小，從遠到近，我們有了一個最基本認知「整個世界由元素構成，而世界上的物質也由元素構成。」同樣，我們人體是一個「小世界」，它也由某些元素構成。繼而我們推演出另一個基本認知「我們學習的方法、技能，也會由某些元素構成。」如果我們掌握了這些基本的元素或要素，就相當於掌握了這項技能。

　　回到一開始的面試。只有四周的時間，我要學習如何成為一名好老師。我既無法向執教十年的前輩、教齡二十年的名師討教，更無法在短時間內套用他們的全部經驗。所以，我要怎麼做呢？我決定去用「最有效的部分」。所以，我整理歸納出所有優秀老師的共同性。

　　優秀的老師哪裡找呢？當年我只是一名大二的普通學生，沒有人脈能請教，沒有時間循序漸進。我決定，不關注我沒有的，而是關注我有的。

　　那我有什麼呢？我有網路上海量的資源可以搜索。於是，我從網路上找到了幾乎所有新東方名師的授課及大型講座的影片，下載了兩百多支，塞滿了整台電腦，直到硬碟空間都要不足。之後，我發現還有點容量，於是又載了一些教研文章和關於備課的檔案。

　　然後，開始日夜鑽研、分析、歸納。我記下了這些名師的共同點「言簡意賅，風趣幽默，有用有效」，再精簡一下，就是「簡單，有趣，實用」。

　　一共三個詞、六個字。只要達到這三個元素，就是好老師。這成了我這二十八天裡學習的重點。後來，這六個字也成了我當上老師後，自我檢驗的最高標準。每天下課檢討的時候，我都問自己，我講

Part 2．優秀可以是天賦，更能是刻意練習

71

的東西實用嗎？我說明得容易理解嗎？整堂課有趣嗎？

至今還清晰地記得，我在新東方的第一場面試。我看到許多面試官對著面試者直搖頭，到我上場時，我懷著忐忑的心情把課講完，面試官面不改色地說「你講課，雖然還有很多可以改進的地方，但你是這麼多面試的人當中，最有新東方風格的。你很有天賦！」

我心想，這哪是天賦啊！這都是我用對方向努力啊！而這個「對的方向」，就是組成這件事情的幾個最核心的元素。

因為時間有限，所以只能直取本質。透過現象，進行本質性的思考和追問。把複雜的問題變簡單，把簡單的問題拆成元素，提煉成一至四個要點，就是元素思維的使用關鍵，也是擁有一個正確的基礎邏輯和認知的關鍵。

比如，學英語。表面上學的是語言，本質上學的是溝通方法、思維習慣和文化背景；學習英語發音，表面上學的是發音的動作，本質上學的是模仿發音的感覺，感覺對了發音就對了，發音對了動作也就對了；學習英語單字，表面上你是背這個詞，本質上你要學的是這個詞的四要素「發音、拼寫、意義、用法」。

所以為什麼很多人學了很久的英語，卻從來沒學好，因為他們從來沒有進行本質性的思考，從來沒有把元素思維作為學習的起點。要是起點只停留在表面，那終點註定是錯的。

再舉個例子，在萬眾創業的時代，有些同學雄心勃勃想著要創業。曾經有位同學跟我說，我利用上學期間努力鑽研專業知識，課餘時間努力考取相關證書，為的就是畢業後馬上去創業，打開人生的新篇章。

我說，你大概會創業失敗，因為這樣的努力法，頂多會成為一位專業人才，但可能難以成為優秀的企業家。

忠言逆耳，他不愛聽，他沒聽我後續的分析，繼續沿著自己原來的方向前進。最終幾次創業的嘗試都沒成功，後來回老家找了份與專業相關的安穩工作，每天感覺自己壯志未酬，鬱鬱寡歡。

為什麼他的方向不對呢？原因很簡單，他對創業的基礎認知有偏差。他以為，創業等於用自己的專業開公司，所以專業能力是唯一的重點。但是，專業能力固然重要，卻只是整個創業的一小部分能力。

如果用元素思維來分析，創業成功最重要的三件事情是「需求、資金、團隊」。

有了這個認知後，再把這三個要素提升到能力的層面，就是「洞察市場趨勢和需求的能力、獲得融資和管理財務的能力、挑選團隊和管理團隊的能力」。一般而言，一個剛畢業的大學生，不可能具備以上的三個能力，那創業成功的概率有多大，不言自明。

元素思維，是找到內在規律的下一步，是讓你具體進行關於本質的思考，關鍵是它能讓你建構一個基礎的思維框架，讓思考有原點。

比如，要分析和瞭解自己的三點要素是「過去、現在、未來」。要在一件事情上獲得成績的三個元素是「天時、地利、人和」。

有了思維的大框架，保證行動就有了方向；有了行動的方向，就保證了最終的效率和效果。

電影《鋼鐵墳墓 2》裡，當黃曉明飾演的任樹被關進密不透風的監獄時，他坐在監獄的角落，想到了他師父「越獄大師」，告訴他關於越獄的三個要素「掌握監獄的格局、瞭解人員的作息、裡應外合的人手」。他按照以上要素，按部就班準備，最後帶領眾人死裡逃生。

我自己如何快速學習和成長也是同樣的操作，抓住學習內容的本質要素，便能迅速突破。比如，我學習催眠的時候，歸納出的三個元素是「引導、深化、輕聲細語」；學撲克牌的時候總結出的三元素是「牌力、觀察、策略」；而學習行銷的時候瞭解到最重要的三元素是

「視覺、共鳴、傳播」。

如果你現在決定去做一件事情，就試著分析、拆解和歸納它的元素，問問自己：做好了哪些部分，就相當於做好了這整件事？

## ▌第三個層次：第一原理

懂得了事物運作的規律，瞭解了元素思維，你已經成為少數的20%了。假如是一個普通的學習者，已經進化為學霸。但如果你想對自己更吹毛求疵，成為人群中的百分之一、千分之一、甚至萬分之一，在領域成為最高端的人，甚至被拜為學習之神，我們還有辦法更深入事物本質，進行更深層的思考嗎？

當然有辦法，這個辦法叫「第一原理」。

第一原理是古希臘哲學家亞里斯多德提出的一個哲學術語，即每個系統中，存在一個最基本的命題，它不能被違背或刪除。哲學術語不夠淺顯易懂，來打個比方吧。

比如，幾何學中的第一原理，就是我們最熟悉的「直線是兩點最短路徑」；生物學的第一原理是「物競天擇，適者生存」，短短八個字就把幾百萬個物種的關係，解釋得一清二楚；而經濟學中的第一原理「供需理論」，供不應求時價格上漲，供過於求時價格下降。

「第一原理」是所有學科的本質和根基。當然，它也是深度思考的基石和方向。

著名的美國公司 SpaceX，就是用第一原理來選擇創業的方向。SpaceX 的 CEO 伊隆·馬斯克（Elon Musk）說了他的兩點思考。第一，他相信地球會有大滅絕，要延續人類，就只能走出去。第二，文明要維持在一個自給自足的規模，至少需要一百萬人口。

在馬斯克的眼中，創業的本質，是為了人類的美好和進步，其中

最基礎的是要存活。於是，逆向推演之下，就有了後面一系列的發展：選擇目的地火星、製造火箭、重複使用火箭，最後製造出可回收的火箭。這些事件，無一例外，都服務於創業的本質目的。

在採訪中，馬斯克特別推崇自己的「第一原理思考法」，通過第一原理，把事情昇華到根本的真理，然後從最核心的地方開始推演。

他提到，我們運用第一原理，而不是用比較思維去看待問題，是非常重要的。我們在生活中總是傾向於比較，對別人已經做過或者正在做的事情，我們也都去做。這樣的結果，只能產生微小的反覆運算和發展。而第一原理的思考方式，是用物理學的角度看待世界，也就是說一層層撥開事物表象，看到裡面本質，再從本質一層層往上走。

無獨有偶，蘋果創辦人賈伯斯（Steve Jobs）曾表示，只有能看到事物本質的人，才擁有改變世界的力量。賈伯斯是當代最偉大的產品經理，他堅守的第一原理，就是「簡潔」。在這個原理之下，蘋果公司的產品才得以不斷升級，完美詮釋「簡潔至上」的宗旨，同時也帶動了從固定網路到行動網路的飛躍成長。


請記住，在本質面前，一切「比較」變得毫無意義。

那我們該怎樣運用「第一原理」，為我們自身取得進步呢？

你一定有過這樣的經歷。盡了所有努力，得到的結果還是不如人意。所以，你十分苦惱，因為你目標清晰、用對方法，也有強大的動力，為什麼還是沒有產生結果？

答案是，你最基礎的認知發生了偏差。用這個章節的話來說，就是你沒有從最根源開始思考，沒有用「第一原理」思考。

即便你實現目標的技巧、方法、步驟都沒有錯，但在最一開始你就錯了。所以，到了最後，結果也不對。所以，當你決定要學點什麼、做點什麼時，在一開始，先搞清楚它的「第一原理」是什麼。

比如，我在新東方授課幾年後，成為教學培訓師，任務是教新進老師在課堂上講好一個段子。

一開始，教學效果並不是太好，因為不是每一個人，天生都有幽默細胞。甚至有的老師認為，幽默是天賦，後天並無法學會。於是我開始想，到底能不能讓一個沒有幽默感的人，透過後天的學習也變得幽默呢？

我開始運用「第一原理」思考，問自己，幽默的本質到底是什麼？為什麼有些話一說出來就能讓人捧腹大笑？又或者令人感到驚喜萬分？

最後，我總結了幽默本質，一共四個字「突破期待」。這就是我認為幽默的「第一原理」。

為什麼只要「突破期待」，就能產生有趣的幽默效果？因為人活了那麼多年，大腦被動和主動吸收了巨量的資訊，人的大腦其實就是一個巨大的「語言庫」。當你說一句話的時候，聽者就會從他的「語言庫」，自動匹配對這句話的後續期待，而往往這個期待，是循規蹈矩的。

請設想一個場景，你向朋友發出邀請「這週末我們一起去打網球吧。」你朋友說「我很想去啊⋯⋯」

當聽到朋友的回答，你的第一個反應應該會是「這個人要拒絕我了！」因為在我們大腦語言庫中，「我很想去」這句話的後續期待，就是「但是」；「但是」的後續期待，就是「拒絕」。我們頭腦中墨守成規的後續期待就是「答應不需要理由，拒絕才需要理由。」

我們對每一句話，都有期待。突破期待，就能產生意外之喜。

正如網路上的毒雞湯，為什麼能引起無數人的共鳴？其實還是幽默的第一原理在起作用。不信，看看下面的幾句話。

「你以為有錢人很快樂？才不是。有錢人的快樂，你根本想像不了。」

「有人出現在你的生命裡，是為了告訴你，你真好騙。」

「比一個人吃火鍋更孤單的是，一個人沒有錢吃火鍋。」

當然講一個好段子，會有一些技巧和方法，但這些技巧方法，都源自於這條本質性的原則「突破期待」。或者反過來說，所有講好段子的方法，都得建立在突破期待的第一原理上。

　　**我們平常的學習和工作中，過於強調方法和技巧，卻忘了探尋事物的本質**。而正確的方向是，先認知本質，後方法技巧，最後是操作步驟。

　　「規律、元素、第一原理」，就是我們去探尋事物和發現本質的工具。

# 維持勤奮的熱度，
# 才能煉造優勢

你不勤奮，上帝想幫你的時候，會不知道要往哪裡伸手。

但是，人要勤奮，最重要的是先搞清楚，人為什麼要勤奮？

## ▍勤奮的意義

你一定知道，今天，是你餘生中最年輕的一天。但同時，你忽略了一個更重要的事實：今天，是你餘生中最聰明的一天。

每一天，你的腦細胞都在大量地死亡。所以，不管你承不承認、願不願意、同不同意，今天你一醒來，就會比昨天的你，笨了那麼一點點。

你的大腦，就像通貨膨脹中不斷貶值的貨幣一樣，只有每天努力一點點，進步一點點，勤奮一點點，不斷地對大腦進行正確的投資、合理的塑造，才能勉強「保值」。如果還要進一步讓大腦升值，便需要升級認知、重建思維、調整認知的框架了。

每次看到虛度光陰的朋友，我都十分心疼他們的時間，和逐漸貶值的大腦。

有位朋友小靜，每天給自己安排的主要任務，就是吃喝玩樂。總而言之，她熱愛做不太需要動腦的事情。有次在聚會上相遇，我很認

真地跟小靜說：「如果你把你的大腦賣出去的話，一定非常貴！」

小靜聽了很開心的說：「帥老師，你是說我很聰明嗎？所以才很珍貴！」我冷冷地回說：「不，你的大腦貴是因為它幾乎是全新的，用都沒有用過。」

這雖是玩笑話，但我想說的是，今天的你最年輕，今天的你也最聰明，請不要浪費了你的年輕和聰明，不要辜負自己和青春。

所以，為什麼要勤奮？我的理由很簡單，勤奮是為了不讓今天的不著急，變成明天的來不及；更重要的是，不要讓今天的你，討厭昨天的自己。

重要的事情，儘早準備，定下了目標，儘早開始。能學的時候，儘早多學一些；能跑的時候，盡力多跑一點；還能走的時候，儘量多走幾步。

我常說，對一個人最大的尊重，就是尊重他的時間。因為，時間就是命。所以，時間管理就是生命管理。而勤奮，就是對你自己生命最大的尊重。

## ▎勤奮的目的

勤奮是為了成功嗎？

不是。你應該清楚一個事實，成功是一件低機率的事，而失敗是件高機率的事。今天我們不討論成功或失敗，因為每個人心中，一定有自己所定義的成功。

但我們必須建立一個基本的認知：你看到一個考滿分的人，他的背後必定有成百上千沒有滿分的人，甚至有不及格的人；你看到一個創業成功的人，他的背後一定有成千上萬創業失敗的人；你看到一個一夕暴富的人，他的背後也肯定有不計其數一貧如洗的人。因為，如果所有人都是第一名，就沒有第一名了。

人要成功很難，比成功更難的是，知道自己的成功是偶然的。

人最愚蠢的事，就是盯著一件機率很低的事，並幻想這件事很輕易就會發生在自己身上。

簡單說，就是覺得「別人能成功，我也能成功」。作為一個心智健全的成年人，這顯然不夠理智。為什麼你沒有看到另一面呢？為什麼你沒有覺得「人家能失敗，我也能失敗」呢？而且按照機率，後者還更容易發生。

那這麼說，勤奮是為了不失敗嗎？

也不是。其實，勤奮的最終目的，就是為了把你的可能性最大化。

打個比方，假設做一件事，成功機率是萬分之一，意思是，如果有一萬個人做，總有一個會成功。你看，多難啊，一萬人去做，只有一個成功，你能保證自己是這萬里挑一的一位嗎？顯然不能。

但你知道了機率以後，便有了一個方法，能讓偶然接近必然。你無法控制別人成不成功，你也無法控制自己成不成功，但你可以控制自己是否勤奮。所以方法就是，你把這個成功機率完全套用在自己身上，開始去做並勤奮地嘗試一萬遍，按照萬分之一的機率，你總有一次會成功。你發現了嗎？透過勤奮，這件事的可能性變大了！

勤奮，是最起碼的生活態度。在個人成長領域裡，最為人熟悉的「一萬小時成為專家定律」，只要稍加思考就能知道，這一萬小時講的不是時間，因為如果只要付出時間就能成為專家，我們現在每個人都應該是刷牙和睡覺的專家了。

一萬小時，講的是資訊量。它的背後是勤奮的態度，意思是起碼要有一萬小時的專業訊息量，而要獲得如此龐大的資訊，你需要有一顆願意付出一萬小時的心。

志不強則智不達。不問收穫付出最大的勤奮，功到自然成，哪怕最終一無所獲，最起碼，收穫是「全力以赴」。記住，**失敗不是成功的反義詞，平庸才是；而平庸的人的最大特點，就是懶惰。**

## ▌有用的勤奮

　　教學這些年，我也聽過學生抱怨過勤奮沒用。我說，不是勤奮沒用，是你沒用。更關鍵的是，你不知道怎麼樣勤奮才有用。

　　事實上，想讓「勤奮有用」有兩大前提，一是目標清晰，二是狀態良好。

　　清晰就是力量，一個清晰的目標，才是一個可操作、可達成的目標。什麼是清晰的目標呢？有三個要求「具體、細緻、有時效」。比如說，「我的目標是減肥」就不是一個有用的目標，它甚至無法被執行，你再勤奮也是徒勞。這個時候，只要把目標修改一下「我要在三個月內，減掉二十公斤。」這才是一個清晰的目標，有了目標後，你開始計畫，拆分小目標，最後，就是勤奮了。

　　有了清晰的目標，就保證勤奮有用嗎？也未必。如果你的狀態不好，在勤奮中不能隨時思考，及時調整，你不過是機械式地重複動作而已，這時反而吃力不討好。你需要狀態良好，否則勤奮毫無效果。所以，你要學會調整自己的狀態。

　　調整狀態有三種方式，第一種是保證充分的睡眠，每天六至八小時為佳。第二種是冥想，可以在起床後努力前，聽音樂進行冥想深呼吸，每次十五到三十分鐘左右。第三種是積極地自我暗示，隨時隨地，在心裡默念，對自己說「我很棒、精神飽滿、狀態非常好。」

　　長期來看，必須目標清晰再開始勤奮；短期來講，先調整狀態再投入勤奮。用有效的勤奮，來開拓一個充實的人生。

　　這個世界上，所有的技能都可以被取代，唯獨勤奮，無可替代。

　　**世界上最大的謊言，就是「不用準備、努力沒用」。**如果你覺得努力沒用，就努力到有用。如果改變一直沒有發生，就保持勤奮，直到量變引起質變。請記住，你現在付出的每一分努力，都是在替未來集氣。

# 「活出自己的模樣」之前，
你夠認識自己嗎？

多年前，一支只有十多秒的影片，我看完後卻震驚不已。

影片內容是這樣，一隻豬站在輸送帶上，輸送帶慢慢將豬往前送，牠看起來歡快無比。過了幾秒後，到了輸送帶的盡頭，等待牠的是一把屠宰刀，但牠全然不知，瞬間，豬就到了刀的另一頭，被結束了生命。

看到這一幕，我突然想，豬這一生知道自己是豬嗎？或者說，豬知道自己是誰嗎？

## ▌先找到自己的定位

我開始觀照自己，那我呢，人呢？

我們常常談論到改變，要成長，要突破認知，要重建思維，最後還要超越自己。

但如果你不瞭解自己，不認識自己，不知道自己是誰，你又怎麼進行自我管理、個人成長，甚至實現個體的進化呢？

我問你一個問題——你覺得什麼是「自己」呢？

這個問題，不容易回答。所謂熟悉的地方沒有風景，日常生活中，越是司空見慣的事情，我們就越缺乏思考。因為我們很少會帶著

觀察去生活，帶著覺察來工作。

我們對著這個最熟悉的「自己」，其實是最陌生的。

現在，我會建議你，至少先找到一個自己。

你可能會說，什麼一個自己啊？難道我有人格分裂嗎？我是 24 個比利嗎？別急，且聽我說。我們通常有好幾個自己，人家的兒子、學生、努力的下屬、掌廚的人、旅行者、顧客、老公、爸爸、接到保險推銷電話的人。

這一大堆的自己，哪個最能代表你呢？或者，哪個是你最喜歡和最在意的呢？

基本上，不會是接到推銷電話那個人吧！為什麼？因為你知道，你是在成就另一個人，不是你自己。

以我為例，我現在最在意的身分，是陪伴者。主要是陪伴父母、家人和其他親友。我常開玩笑說，我的主業是陪伴，當老師、寫作、分享和諮詢，都只是副業。

我喜歡陪伴者的身分，很在乎這個身分，所以我投入時間和精力，試著去做到我認為的最好。

所以，你最關注的，是什麼身分的你呢？你最想做好的事，是什麼呢？

只要我們開始思考，就會慢慢意識到「自己」的意義，然後讓我們願意將本來不夠關注的部分，有機會變好。不斷投入思考心力，世界會投射回你的身上，你就能找到自己。每天請問一問自己：

・你是誰？
・你想做什麼？
・你想要什麼？
・你最喜歡現在的哪個自己？

## ▎認識自己的系統

絕大多數人，活了大半輩子，都不認識自己，更不會知道自己是一個系統。

你的系統，就是你的腦袋、你的心、你的身體，跟外界事物的相互關係。「自己」這個系統的組成有「腦、心、身、事物」。

（「自己」的系統）

大多數人，只認識自己的一部分，或者說，他們都只透過局部認識自己。像是僅透過身體，或僅透過大腦，或僅透過心靈，其實這種認識都不全面。認識自己的系統，實質上是認知多一個角度的自己。

舉個例子，做決策的時候，大部分的人只用腦，有一部分人只用心，而用身體的人，幾乎沒有。多數人不懂自己的心，也不知道身體會給他們信號和回饋。比如說，要決定你喜不喜歡一個人，甚至應不應該嫁給他？用頭腦判斷的時候，你可能會衡量，這個人收入如何，社經地位如何，對家人好不好等等。正因為太多人這麼判斷，所以才出現了「女人嫁給錢，男人娶工作」的情況。當然，這樣判斷不能算錯，但是不全面。

那有沒有辦法獲得真愛呢？當然！你應該加一個角度去判斷，比如增加心的視角，看看對這個人有沒有心跳加速的感覺；或是再多從身體角度去判斷，注意你和這個人接觸時，你的反應是靠近還是遠離，因為面對你喜歡的人事物，你會想要親近，否則只會想逃。

舉一個我自己的例子。二〇一五年，我開始在網路授課。一年後，我在新東方的個人發展達到了頂峰，收入在整個集團的幾萬名老師中排名前十，外部影響力也不錯。

這時候，北京一個創業公司向我伸出了橄欖枝[9]，公司的 CEO 帶著 COO（首席運營官），一起來到廣州找我當合夥人。我們在咖啡廳見了面，CEO 談了對教育的看法，說了對線上教育未來幾年的判斷，也給我開出了優渥的條件，包括高薪資、高抽成，還有獎金和股權等等，而這些，在我那個年紀，都是無法想像的。

　　經過多年的訓練，我已經擁有一個思考能力極強的大腦了。所以，我也習慣性地用大腦開始去分析和判斷。我特別注意邏輯，不斷地分析前因後果，同時我的大腦也本能性地開始懷疑，CEO 一邊還在說，我就邊想「怎麼有這麼好的事情？要是有這麼好的事，怎麼會落在我的頭上？會不會有詐？」

　　思來想去，反覆考慮，最後我拒絕了這個機會。

　　近幾年，這個創業公司一路快速發展。如今回望當時的插曲，確實是個難得的好機會。我到底是怎麼錯過的呢？我思考著原因，發現理由很簡單，就是當時我還不懂我們整個人、整個自己就是一個系統。所以我並沒有注意到身體的反應，也沒辦法聽從我內心的聲音。

　　回想那時，每當 CEO 跟我講話，我的心都會怦怦地狂跳，身體還會激動得發抖，彷彿初吻的感覺。但我並沒有在意身體上明顯的信號，只是用頭腦質疑，打消了嘗試的念頭。當我第一次拒絕這個機會的時候，我心情十分低落，好幾天食欲不振，這是身體給我的第二次信號，但我依然沒有關注。

　　如今看來，哪怕當時我的頭腦有所遲疑，但是我的身體、我的心，已經給出了一個最直接、最本能的反應。這種反應，其實也給了我一個正確的答案。

　　我們總認為，大腦是人體最聰明的器官，但你想一下，這個判斷

---

9　橄欖枝：通常是為和平的象徵，此處應為「釋出善意」的意思。

是誰做出來的呢？沒錯，就是你的大腦。所以，大腦只是智慧的一部分，不是全部，構成智慧的其他要件還有身體、還有心。

很多時候，我們更宏觀的思維和智慧，已經替我們做了判斷，只是我們渾然不覺。這種智慧的特點是「直接浮現，無中生有」。身體和心靈的智慧，與頭腦的判斷有別，它不是一個推理的過程，它沒有中間路徑，它能直接得出最終答案。比如說你喜歡一個人，會想多看幾眼，不喜歡一個人，連看都不想看。「看和不看」是直接反應，無須判斷，對應的答案就是「喜歡和不喜歡」。

那時候的我，並不知道「自己的系統」，所以不會運用系統做全面的判斷，最終只能錯過。請記住，當你尚未找到標準地做一件事情的時候，自己的系統，就是最高的標準。

雖然錯過，但不遺憾，因為現在我知道了「認識系統，就不會錯過」。更重要的是，若不是錯過，我不會重新認識自己。每一件你經歷的事情，無論對錯，無論好壞，都必將帶給你一個更完整的自己。

請相信吧！只要我們還在前進，就必然會更好。

關於判斷、決策、選擇和觀察，我有一句口訣「先用腦，後用心」；最後，再配合對身體的觀察。基本上整個決策就準確了，因為你在用自己的整體系統去感知和判斷。

世界是一面鏡子，更是我們內心的投影。

如果我們只瞭解自己的一部分，我們得到的世界也是片面的；如果我們能用自己的系統去瞭解世界，接觸世界，解釋世界，甚至征服世界，我們就很有可能得到一個全面的世界。而這個世界會比原來的世界，更加完整、真實和接近本質。

慢慢地，你會從「唯我獨尊」到「天外有天」，你會從「固執己見」到「兼聽則明」，從「我知道很多」到「學海無涯」，從「我已經不錯了」到「我還可以更好」。

一個人真正的成長，活出自己的樣子，要從認識自己的系統開始。對這個世界的理解越廣闊、越完整，你就會對自己的要求越高、越嚴格。

　　這時候，你不再抱怨，你開始自己思考辦法；你不再指責，你開始自己尋找原因；你不再遷怒，你開始自己學會調節。

　　你透過自己來瞭解世界，又經由世界反求諸己。最終，你因為你，成就了一個更好的自己。

## ▌系統是一體的，且互相連結

　　最後，系統的終極意義在於視為一體，而非單獨的個體。如圖所示，它並不是一顆腦、一顆心、一個身體、一件事物。你要注意，這四個個體之間，都是有連結的。

（「自己」的系統）

　　連結的意思就是，它們之間有聯繫，它們能相互影響，相互作用。所以，任何一個都可以作為獨立的判斷依據；從整體來看，任意一個個體，都是重要的判斷依據。

　　如果你要尋找成長的可能性，當你認識了你的系統的相互作用，你就可以想一想：

　　1. 這四個個體中，自己哪一部分比較強？
　　2. 這四個個體中，自己哪一部分比較弱？
　　3. 要怎麼多加注意弱的部分？如何增強它？

　　通過「自己的系統」，你一下就能明白職場的合作關係和戀愛的互補關係了。比如說，工作中，你是一個頭腦非常強大的人，若你要找合作夥伴，就要找一個直覺（心靈）強大的人，或者找一個行動力（身體）很高的人。這樣你們就可以互通有無，合為一體，構成一個

系統。

又比如，整體來看，男生「腦」強一點，「心」這一塊則比較弱；而女生，可能更注重自己的感受和直覺，不過缺少了一點理智和冷靜；假設男生和女生戀愛了，男生頭腦強大，女生心靈強大，男生邏輯力強，女生感受力強，構成互補，形成系統，細水長流。

無論是職場還是戀愛，找到自己相對弱的部分，再找到一個人互補，整個系統便處在動態平衡中，發揮出的效果必然持久，也更強大。

系統中各個部分的連結，還可以幫助我們做自我覺察和自我恢復。比如常有學生問我，有負面情緒該怎麼辦？

我常反問，你今天不太高興而產生了一些消極感受，但你有沒有注意到，你的情緒是從哪兒來呢？

追問下去，你會發現情緒來自你的大腦。情緒由大腦產生，更準確地說，這個情緒由「腦」跟「事物」的關係而產生。也就是說，當你看到一件「事物」，你的腦袋會給它一個「定義」，然後你便產生了對應的情緒。

我們常說，每個情緒的背後都有其原因，在我看來，這個原因就是「定義」。

心理學上說，事件本身不會傷人，只有人對事物的解釋（定義）才會傷害人。所以從本質上來講，這個世界上，沒有人可以傷害你。所有的傷害，都是你在傷害你自己，因為是你定義了事物。

你怎麼定義事情，這件事情的定義，就會反過來對你的大腦產生對應的作用。

你定義了這個事情是傷害，所以它才會是傷害。

今天你產生了一種情緒，是因為你的「腦袋」對「事物」產生了一個定義。從這一點出發，改變情緒最快的方式是什麼呢？就是「重新定義」。

定義變了，對應的情緒也隨之改變。

另一方面，你已經知道了自己是個系統，裡面的各個部分相互牽連，相互影響。

那我們能不能透過改變「身體」，進而改變我們「頭腦」的化學反應呢？完全可以！

心理學上有句接近真理的話，它的英文版本是 "Emotion is created by motion." emotion 的意思是情緒，而 motion 的意思是動作，代表你的肢體行為、身體反應等。所以這句話的意思簡單說，就是「情緒因動作而生，動作創造情緒」。

比如，我們有個成語，叫垂頭喪氣。當你做出「垂頭」的動作，自然會有「喪氣」的感覺。這就叫動作創造情緒，反過來也一樣，情緒也會影響你的動作。比如，你再做一個昂首挺胸的動作，試一下，心情是否有馬上好一點呢？

那我問你，怎麼讓自己迅速變開心呢？很簡單啊，你笑一笑就可以了。因為，當你做出微笑的「動作」，藉由動作產生情緒，所以你的「頭腦」自然會創造出對應微笑的開心感受。你會發現，在你微笑的時候，你是難過不起來的。不信你試一下，你一邊微笑，一邊對自己說「我很難過！我很難過！我真的很難過！」你自己也會覺得很搞笑，對吧？


「自己」是一個系統，牽一髮而動全身，調整其中一個環節，其他部分也會一起產生變化。關鍵在於，如果你要調整，就看看哪個部分最容易開始，然後從這個部分入手。比如說你是運動員或是個愛運動的人，因為對身體運用自如，就能多從身體去調節其他的部分；相反，如果你很會掌握腦袋，那就選擇用大腦去調整其他的部分。

你瞭解了自己，認識了自己的系統，系統就會給你答案。同時，「改變自己」便不會如此艱難了。最重要的是，你能學會接受過去的你，喜歡現在的自己，這才是一切的起點。

# 普通人如何
# 找到自己的魔法

人生最沮喪的事，莫過於由期待到等待，由努力到無力，再由希望到失望。

你有沒有曾經努力過，但努力沒有效果；你是否學過很多的方法和技巧，但還是無法給你想要的；你可能聽過很多大道理，但是道理卻沒有讓你過好目前的人生。

然後你會自怨自艾：「我真沒用。」

我想跟你說說，你錯了！一開始就錯了！

## ▌你要認識自己的才能，也要認識自己的極限

你聽了道理，學了方法，也付出了努力，但還是未能達到自己的目標，問題出在哪裡？

一言以蔽之：方向不對，努力白費。

但這裡所說的「方向」是什麼呢？我們又怎麼知道自己的「方向」呢？有句話說得很好，也是「方向」的最佳解釋：天生我材必有用。什麼意思？

必有用，聽著是句雞湯，聽得人熱血沸騰，最起碼能不洩氣。但我認為，這句話說得好的是前半部分「天生我材」，因為它有兩個暗示。第一個暗示是，在發展之前，成長之初，搞清楚自己天生是哪塊

料，無比重要。你要意識到一個事實，鐵杵能夠磨成針，木柱只能磨成牙籤，但只要放對了地方，鐵針牙籤都有用。

第二個暗示是，有「天生我材」，也必有「天生我不材」。你有優點，必定也有缺點；你有擅長的地方，必定也有不擅長的地方。

醜小鴨之所以能變成天鵝，並不是因為牠有多努力，而是因為牠本來是天鵝的孩子。你要知道你天生擅長什麼，要發現你的天賦，然後順勢而為。

但關鍵是，做人要現實點。努力產生改變之前，要先面對現實、接受現實。


之前有個同學，第一次考英語四級[10]沒過，來問我怎麼辦。

我問他，你有努力嗎？他說沒有。

然後回去努力了第二次還是沒過，來問我怎麼辦。

我問他，你方法用對了嗎？

他回去買書自學，第三次還是沒過，來問我怎麼辦。

我問他，你有背好單字做完模擬題嗎？

他回去聽話照做，第四次還是沒過，繼續來問我怎麼辦。

我問他一句，你已經盡全力了嗎？

他點點頭，我說，也許你不太適合學英語，放棄吧，大學不是只有四級，人生也不只有英語。

他有點不滿意，回我，你不是英語老師嗎，怎麼不幫幫我呢？

我心裡很納悶，我已經幫你了，你也已經幫你自己了。我告訴他：「我是在幫你」。

他十分倔強，之後還是堅持努力、不斷複習、不斷考試，考四級一直考到大學畢業，一共考了七次，都沒有過。

---

10　四級英語：四六級 CET，為中國教育部主辦的大學英語統一測驗，每年舉行兩次，依難易度分為英語四級、英語六級。

Part 2 · 優秀可以是天賦，更能是刻意練習

91

真的是「不努力一點，你都不知道自己多沒用」。雖然表面上是努力沒用，但事實上是努力用錯了地方。

所有你已經想盡辦法，用盡努力，而又未能達成的事情，原因幾乎都只有一個：那不是你的天賦之事。

這讓我想起前些天，一位模特兒朋友小方，她來問我：「帥老師，我想改變自己，有沒有推薦的書讓我學習呢？」

我語重心長地對她說：「我覺得你跟別人不一樣，千萬不要浪費時間學習。」

她看起來有點不高興，結束了對話。

什麼是現實？這就是現實。請記住，你是天生有材，你也必有用，但你無法全能。不接受自己，不面對現實，就無法改變自己。接受，永遠是改變的前提。

就好像我之前一直減肥，卻一直減肥失敗。追根究柢，我終於找到了失敗的原因，那就是「我不承認自己是個胖子」。別人說我胖，我就反駁；別人提醒我要健康，我就生氣。我既不接受好意，又不承認自己胖。所以我的頭腦，我的潛意識，都不覺得我胖，甚至覺得我是個瘦子。如果我認為自己瘦，我為什麼要減肥？如果我都不覺得我自己胖，我又怎麼能瘦得下來？

什麼是真正的改變？我覺得，改變可以用一句現在很流行的話來解釋，就是「走出舒適圈」。注意，讀三遍，走出舒適圈，走出舒適圈，走出舒適圈。

平時大家的注意力，總是放在「走出」兩個字。但我認為，這句話真正的重點在「舒適圈」三個字。假若你已經不舒適，怎麼會有舒適圈呢？如果沒有舒適圈，又如何走出去呢？

所以發現了嗎？比「走出舒適圈」更重要的是「確認你的舒適圈」。簡單說，就是找到讓自己舒服的區域，先讓自己舒服。因為沒

有舒適圈，也走不出去；有了舒適圈，自然而然就走出去。不然你走來走去，都是在痛苦中徘徊。

不接受，就會難受；接受，才會享受。讓自己舒服最快的方式，就是接受發生的一切。你享受當下，改變就會自然發生；你接納自己，改變才真正開始。

就好像，為什麼現在很多人說遇上了瓶頸，無法突破？或者，很多人覺得自己不能躍遷，無法逆襲？歸咎原因只有一個，就是他們既不願意承認，又不願意接受「自己是一個普通人」。我們總覺得自己不普通，總覺得自己會一夜暴富，甚至做了一件小事，就覺得自己是個天才。在這種自我催眠中，又哪來突破瓶頸，躍遷階層和人生逆襲的動力呢？

承認自己無力，比承認自己有力，更需要力量；
承認自己不適合，比承認自己適合，更加重要；
承認自己普通，比承認自己優秀，更需要勇氣。

如果工作真那麼適合，為什麼沒有成績？如果自己真那麼優秀，為什麼還庸庸碌碌？比認識自己能力更重要的，是認識自己的極限。世上無難事，只要肯放棄。

## ▌普通人的超能力

時代不斷推進，市場不停細分，職場上用人的需求也持續發生變化。你不必樣樣皆通，但你必須無可替代。

如何變得無可替代？關鍵是，找到自己的「超能力」。

我愛看美國英雄、科幻超能的電影和影集。最近有一齣美國電影《變種天賦》，也是可圈可點。當你看得夠多了，你會發現，這類作品裡，通常有三種人物設定，一是已經擁有超能力的異能者；二為超

能力有待開發和釋放的潛能者；最後，沒有超能力的普通人。

其實後兩種人，很可能是同一種人。他們表面上是普通人，但體內卻蘊含著超越常人的力量，或者，至少有超越常人的某一方面。

在現實生活中，其實每一個普通人身上都有巨大的潛能，每個人至少有一項自己獨有的技能。如果沒有，只是一直以來「認為自己沒有」，或者「尚未被開發」。又或者，你沒有按照我說的方向追尋過、努力過。這和剛才說的「天生我材」不謀而合。

如果你還是覺得自己沒有天賦，相信我，根據我自身的經驗和上萬例諮詢個案，我可以肯定，**普通人身上一定擁有，並可以開發和訓練的，超越常人的能力有三個：專注力、學習力、表達力。**

這也是普通人超越同齡人的取勝之道，你可以盡自己所能，把這三項能力練習到極致。不信你可以觀察一下身邊比你強的同齡人，如果你覺得「強」太籠統了，我們殘酷一點，觀察一下身邊賺得比你多的同齡人，在這三個能力中，他們是不是其中一至兩項，甚至三項，比你厲害呢？

比起別人，要嘛你專注力不足，要嘛學習力不夠，要嘛就表達能力不好。你說，老師我三個都沒有。難怪你是個普通人！當然，做普通人沒有什麼不好，但只要你今天在看這本書，我就默認你的追求比普通人高一點，不僅僅想當個普通人而已。那就好好看這本書，善用這本書吧。

有很多人覺得自己很聰明、有頭腦，這種沾沾自喜沒有用，不切實際的幻想更沒有用！除非你把你的聰明和頭腦，轉化為以上三個能力。要是暫時沒有方向，不妨沿這三個方向努力一把。

請相信，每個人都有無限潛能，每個人都可以不普通。

## 與其搶第一，不如當唯一

　　幾乎所有談成功法的書籍，以及身邊的親朋好友，都無一例外地告訴你，人生最重要的目標，就是「爭取第一名！」成為第一，已經是很多人深信不移的目標。

　　不信，我們做個小測試，我問你，世界第一高峰是哪座？你瞬間就能回答「珠穆朗瑪峰」。我再問你，世界第二高峰呢？你肯定不知道，也很少有人能回答。

　　我們都知道，第一只有一個，成為第一很難，但你有沒有想過，如果不做第一，你努力的意義是什麼？或者說，如果無法當第一，你作為一個普通人，取勝之道是什麼呢？有沒有辦法贏呢？答案是肯定有的。

　　舉個例子，在非洲坦尚尼亞有一座山，叫吉力馬札羅，它是非洲的最高峰。但它的海拔放在珠峰面前，簡直就是找虐。而神奇的是，吉力馬札羅每年的遊客，是珠穆朗瑪峰遊客的五倍。

　　為什麼？因為坦尚尼亞人知道，自己沒有世界第一高峰，而且一輩子也爭不了第一，所以另闢蹊徑，開創了一個新品項，將吉力馬札羅山稱為「人類徒步可登頂的第一高峰」。

　　什麼意思？其他山再高，都要借助攀登繩、冰鎬才能登頂。但只需靠雙腳就能走上去的，吉利馬札羅山是全球最高，不服來戰。

　　大家一聽，第一反應就是「我也要去試試！」所以至今，吉力馬札羅的遊客絡繹不絕。

　　找到自己，其實就是找到自己的天賦，找到自己的不同，並且，敢於與別人不同。

　　我很喜歡「獨眼島」的故事。

　　小鎮上有兩個年輕人 A 和 B，想不勞而獲發大財。他們聽說西方

有一座獨眼島，而島上的居民只有一隻眼睛。

有一天 A 一拍腦袋想出妙計，對 B 說：「人都喜歡新奇的東西，我們只要到獨眼島上抓一個人，把他綁回來展覽，讓大家都來看新奇怪物，我們就可以賣票賺錢啦！」B 聽到想法後十分贊同。

過幾天後，兩位年輕人便出發了。船在獨眼島靠岸，他們從碼頭走到街上，看到每一個人都只有一隻眼睛，他們興奮至極，露出貪婪的目光，似乎街上的每一個人，都是他們發財的機會。

正當他們沉浸在美妙的幻想中，突然，兩人眼前一黑，他們被綁走了。他們十分驚恐，不斷掙扎，然後被打暈過去。

當兩人的頭套被摘下來時，他們已經被高高地被綁在碼頭的柱子上了。他們的身旁，圍滿了來看熱鬧的獨眼島民。兩個獨眼島的年輕人，正在一旁嘶吼著賣票：「來看展囉！來看怪物囉！這裡有兩隻眼睛的怪物！」

「獨眼人」在大家都有兩隻眼睛的時候，很特別、很有市場；同樣，在大家都只有一隻眼睛的時候，有兩隻眼睛的人，很稀奇、很不一樣。這不就是「唯一」的價值嗎？

所以，與其搶當第一，不如勇敢做唯一。

每個人都爭最好，你要與眾不同。因為，做第一很難，做唯一卻很簡單。世界就是這樣，不是因為要做最好，所以選擇；而是因為你選擇了，所以才成為了最好。而往往在你成為唯一的時候，你同時也成為某個領域的第一了。

請永遠記住，你不必在意在一百萬件事情上輸給一百萬個人，你只需要在意，在哪一件事情上，可以贏過全世界。

## ▎找到你的超能力

如果你問我：「老師，我有辦法挖掘自己身上別於常人的超能力

嗎？」當然有。

　　我曾經用諮詢的方式幫助過一萬多個人，找到了他們的超能力。那怎麼找呢？我認為更正確的問題該是，到哪裡找？

　　我們知道，現在我們所擁有的一些能力，由過去的天賦或學習決定。而我們現在的能力，又會決定未來的能力。簡單來說，過去決定現在，現在決定未來。

　　現在是結果，過去是原因。**人最常見的問題，就是常糾結於結果，卻從不找原因。**

　　所以，到哪兒找呢？

　　到你的「過去」尋找，這種方法在催眠裡叫「回溯」。

　　那找什麼呢？我發明了一個概念，叫作「兒時能力」。請記住，你的兒時能力，決定了你的超能力，也決定了你的核心競爭力。

　　《聖經》說，如果一個人不恢復到孩童的面貌，他就無法進入天堂。你在學業上、職場上也一樣，如果你不知道你小時候最擅長什麼，你就難以登堂入室、登峰造極。因為，在你小時候就展現出來的能力，很有可能就是你的天賦。

　　並且，小時候學會的能力，一輩子都難以忘記。比如說小時候你學會了騎車，哪怕已經二十年沒騎車了，有點生疏，但只要你今天找到一輛車，坐上去，搖晃兩下，找找感覺，十分鐘以後，你就完全恢復這項能力了。

　　每個人小時候能很快學會的東西不盡相同，有的可能是騎車，有的是畫畫，有的是玩遊戲，有的甚至是做飯。你之所以能迅速學會，不是沒有原因的。而原因很有可能是，這本來就是你的天賦。

　　所以，鑑別你兒時能力、天賦才能的最終標準是什麼呢？我給它定義為三個字，分別是「快、樂、強」。

　　針對這三個字，你需要問自己以下三個問題：

　　1. 在你小時候（特別是 7 歲前），有什麼是一學就會的事情？

2. 在你小時候（特別是 7 歲前），有什麼是一做就開心的事情？

3. 在你小時候（特別是 7 歲前），有什麼事情是一做就有成績的？

簡而言之，你要思考，在你小時後有什麼事情是學得最快、做起來最快樂、一做就容易有成果的。

回溯的過程會比較久，不要光看，現在就拿起筆，慢慢想一下，試著列出五件相關的事，且類別越豐富越好，儘量不重疊。如果還是很難想起來，你也可以多問自己一個問題「在你小時候，有沒有什麼事情，是你一做完就會被表揚的？」

並開始鉅細靡遺地描寫，這裡留意是只要描寫就好，別另下定義。我舉自己的例子，比如，我在五歲的時候，得到了拼圖大賽的冠軍；我四歲的時候，就能說很多話，身旁的大人經常會被逗笑，我也樂在其中。

你會發現，每個描述的背後，都至少有一項能力。如果你能描述五個不同類別，又能滿足「快，樂，強」的事件，你就至少能發掘自己的五項兒時能力。

像我舉的兩個例子，分別對應的能力是：搜集資訊與重組的能力，以及表達與同理能力。

你知道擁有「搜集資訊與重組能力」和「表達與同理能力」，最適合的職業是什麼嗎？有三個「老師、諮詢師、作家」。你看，這不就是我正在做，而且都有成果的事嗎？

所以，這些提問的本質與目的，都是幫你去發掘和審視你的「兒時能力」。一旦找到，請你用它來對比一下你近年來的產值，你一定會發現，現在容易做出好成績的，還是兒時容易玩出成效的那些事。

如果你發現近幾年一無所成，對照一下你列出的兒時能力，可能會驚訝地發現，你一直沒有投入到自己的天賦。難怪沒有好成績！

老祖宗告訴我們，凡事應順勢而為。而所謂的順勢而為，就是要去做真正的自己，做你天賦之事，最後成為唯一。

# 「信念」
# 是潛藏的超能力

## ▌ 放錯地方的自信

　　「你覺得，你有自信嗎？」這是我問個案諮詢的小婷的第一個問題。長期以來，她認為自己活在自卑中。

　　聽到我的問題，她下意識地搖搖頭。

　　我說：「告訴我，你覺得你有自信嗎？」

　　小婷沒有抬頭看我，小聲嘀咕了一句：「沒自信。」

　　我又問：「你真的覺得自己沒自信嗎？」

　　小婷抬起頭，有點疑惑，又點點頭：「對，我沒自信。」

　　我又問一次：「你真的非常確定，自己沒自信嗎？」

　　她有點不耐煩，加大了聲量，目光堅定地說：「對！我很確定！我不自信。」

　　我笑了笑說：「你看，你對你自己的『沒自信』，很自信嘛！」

　　她恍然大悟，淚珠在眼眶裡打轉，她的表情彷彿在責怪自己「怎麼我現在才明白呢？」

　　我繼續說：「其實你不是沒有自信，只是你的自信，用錯了地方。」

　　想想在我們生活中、學習路上、工作裡，又有多少個「不自信」的小婷呢？可能你也是，或至少曾經是。為什麼會這樣？

我上課時常說的一句話「99%的問題，都是注意力放錯地方。」自信同理，注意力在哪裡，自信就在哪裡。你會察覺不到自信的時候，是因為你相信錯了東西，自信錯了地方。

　　大多數人遇到問題，注意力都會放在問題的本身，而不是解決問題的方法；就像你工作失誤了，你把注意力都放在責怪自己，而不是如何避免下次犯錯；考試失利了，你把注意力都放在刺眼的分數上，而不是用什麼方法來考更好；失戀了，你會把注意力放在過去，而不是現在和未來。

　　所以，你其實很有自信，你自信一旦出問題，就是天塌下來的大問題；你自信工作上的失誤都是你的錯；你自信成績差都是因為你笨；你自信失戀了都是因為你不好。

　　所以你才會說，我再也不相信努力了，我再也不相信愛情了，甚至，我再也不相信任何人了。

　　明明是你看錯了世界，卻說世界欺騙了你。

　　那天有同學跑過來問我：「老師，我覺得人生艱難，工作也很艱難，怎麼辦？」我跟她說：「工作哪怕再艱難，也不會比沒有工作艱難。」

　　幸福來自於比較，不幸也是，重要的是「找好比對值」。世界級激勵演講師約翰‧寇帝斯曾經說過，如果你覺得你很幸運，這個世界上一定會有比你更幸運的人；如果你覺得不幸，這個世界上一定會有比你不幸的人。聽上去像句雞湯，也像廢話，卻揭示了一個真理：無論你覺得你是對的，還是你是錯的，你都是對的。意思是，你永遠有選擇，你可以覺得自己幸運，也可以覺得自己不幸。

　　消極是一種本能，而樂觀是一種選擇。同樣，不自信是一種本能，而自信是一種選擇。我是一切的根源，愛是一切的答案，記住一句話「這個世界上沒有其他人，只有你，選擇了你的記憶和生活。」

記得有一次陪朋友去廟裡。我這位女性朋友特別信命運，她求籤後一看「大凶」，她嚇得臉色發白。我馬上搶過來，叫她再求一次，她又搖了搖籤筒，一看「大吉」。她緊緊握住了這支籤。我笑了笑說，你看，命運掌握在手中吧！你總能做更好的選擇。她笑顏逐開。

　　人生其實很簡單，如果結果不是你想要的，再來一遍。但如果你沒有為自己做更好的選擇，不過是你不夠愛自己罷了。

　　自信，永遠是一種選擇性的相信。所以，自信的人永遠不受傷害，自信的人永不抱怨。那些容易受傷的人，他們的口頭禪是：「這個世界我最慘」；那些永遠在抱怨的人，他們總是念叨：「家裡沒礦，身後無人，全年無休。」彷彿世界欠了他們什麼。

　　你要記住，不是因為自信才做選擇，而是因為選擇才會自信。你選擇看到什麼世界，世界就會呈現出什麼模樣。如果你覺得缺這缺那，一無所有，不如選擇換一個角度：

　　因為無常，所以精彩；

　　因為無果，所以期待；

　　因為無我，所以自在。

　　因為無，所以有。

　　甚至有時候，你可以不管有沒有、能不能，只是毫無理由地自信，就能做到了。

　　按照流體動力學，大黃蜂本該沒有足夠的力量飛起來，但大黃蜂並不知道這件事，它只是去飛，就飛起來了。

　　我 18 歲的時候第一次上臺授課，下臺後，我的前輩告訴了我這句話，現在把這句話轉送給你。「教什麼都是教熱情，學什麼都是學自信」，這是真相。你有了熱情，就有了自信，你選擇了自信，就選擇了另一種人生。

## 你會成為你相信的樣子

很多人都說，想要成為最好的自己；也有人說，想要成為全新的自己；更有人說，想要成為最真實的自己。但你會成為哪個自己呢？

其實，你不會成為你想要成為的樣子，你只會成為你相信的那個自己。

這個世界的運作規則是，你注意力在哪裡，結果就在哪裡；你角度是什麼，就會看見什麼；最後，你相信什麼，就會成為什麼。

社會心理學把這種現象叫「自證預言」（self-fulfilling prophecy），自證預言是指人們先入為主的判斷，無論其正確與否，都將或多或少地影響到人們的行為，以至於這個判斷最後真的實現。這是主觀期待影響客觀事實的最佳例子。簡單來講，就是「你認為你行，你就行；你認你不行，你就不行。」

還記得小學三年級考作文，我得到了最高分。老師的評語是：「文筆優美，用詞生動」。國文老師特別激動，把我的文章影印了，全班同學人手一份，作為寫作課的參考資料。

開家長會的時候，國文老師還跟我媽說「你兒子是一個寫作的天才。」會後，班主任又跑過來，跟我媽說「你兒子在寫作上很有天分，要好好培養。」

我媽受到了激勵，也覺得兒子是個天才，回去馬上給我請了一位老師，開始一對一指導作文。

這位老師每次上課都對我說「年紀小小，語言敏感度就那麼高，你是個天才。」受到了同學、老師、家人的輪流鼓勵，我也變得開始相信了「我是天才」。

從那之後，我下筆如有神，從小學到高中，每次作文都將近滿分，且都會被拿到全班同學面前朗讀。我成了老師的自豪、爸媽的驕傲、大家眼中的神童。

高中畢業後，我回到小學看望國文老師。老師說，當年的作文都還留著。這些年，老師都拿我的文章當教材！

我又驚又喜。老師邊說邊從最下層的抽屜，翻出一個牛皮紙袋，從紙袋裡拿出了一疊泛黃的稿紙。稿紙上正是我年少時的字跡，老師指著其中的一篇說：「這就是我頭一次發現你與眾不同的那篇作文，你看這句寫得多好啊——小紅向小明開槍。用開槍替代開腔，既是諧音，又是雙關，大文學家的手法啊！」

我嚇了一跳，回想當年，我是考試的時候有點走神，所以寫錯成「開槍」了。

一個錯別字，老師誤以為我是天才，爸媽以為我是天才，我也以為我是天才，最後真的有了天才般的表現。這簡直是個美麗的誤會。

同時讓我意識到了，人生中最重要的因果關係，正是「不是因為可能才相信，而是因為相信才可能。」

無論何時，無論何事，無論是否有人指責你、否定你，哪怕有一天你覺得你再也不相信這個世界了，請你記得，相信自己，哪怕一次也好。因為，事情終將順利，生活終將美好，你也終將成為你相信的那個樣子。

## ▍「假裝」直到「成為」

也許你會問，光相信就可以了嗎？什麼都不用做了嗎？比如說，你相信自己會成為千萬富翁，但你每天躺在床上睡覺，你覺得可能嗎？當然不可能了！

相信歸相信，但要對結果產生影響，還是得行動。相信是行動的前提，而相信的作用是，幫助行動的結果最大化。

那由相信到行動，再到產出結果的方法是什麼呢？我想到了求學時看過的英文句子，我至今都認為，這是我見過最美的英文，它也是

這個方法的最佳詮釋，這句話叫作："Fake it till you make it."（假裝直到成功。）

　　「假裝做到」的本質，就是相信你能做到。這是我近十年來實踐過的，最有效的自我突破方法。我從一開始有點自閉、不善交流，到補習班的小老師，當上新東方名師，再成為國際認證催眠師，企業的商業策略顧問。這個方法都助我突飛猛進，一路高歌。

　　我的老師，是世界第一潛能激發大師安東尼・羅賓（Anthony Robbins），我在美國跟他學習潛能激發的時候，他說了一個方法，叫 ACT AS IF。翻譯過來，就是「像誰誰誰一樣行動」。在我看來，ACT AS IF 有兩層重要的含義，一是你要假裝，二是你要模仿。

　　安東尼・羅賓說過，如果你要成為一個超級演講家，你就去看看世界上最偉大的演講家是怎麼做的、怎麼說的；你要一遍一遍地看他們的影片，觀察他們的動作，瞭解他們會在哪裡強調，在哪裡停頓；他們如何談吐，如何行動，甚至如何飲食，如何作息。然後假裝你自己就是他。

　　我就這樣苦苦假裝、模仿了一年，我的氣場越來越大，自信越來越強，當然一併提升的，還有我的演講能力。一開始我只能做百人演講，慢慢地變成千人演講，最後輕鬆講上萬人的場次，這個結果是我意想不到的。

　　把這一招用到極致的，是電影《神鬼交鋒》（Catch me if you can）中的男主角。擅長偽裝的艾巴內爾，假裝年輕有為的商人，偽造空頭支票，在美國五十個州與全球二十八個國家提取總金額 600 萬美元。片中，他還假裝成飛行員，借此免費乘坐高級客機和入住高級酒店；此後，他又偽裝哈佛醫學院畢業生，在喬治亞州一所醫院當起急診醫生。他的假裝技能一路開掛。

　　後來我成為英語老師，教同學們練習發音時，這招 ACT AS IF 的

法門，也同樣奏效。

講課時，我經常問同學們：「今天你們來學英語，誰是最好的老師啊？」

同學們異口同聲地回答：「自己。」

我笑笑說：「難怪你們一直學不好！」

同學們不解，我繼續說：「在這個領域最厲害的人，才是你最好的老師。怎麼可能是自己呢？」

你要去模仿他，假裝自己就是他，這樣進步才最快。比如，你們在朗讀，模仿發音時，就假裝自己是美國的播音員；在演講時，就假裝自己是歐巴馬；在聊天時，就假裝自己是 ABC（出生在美國的華人）。

後來，這些學生給我回饋，他們覺得學習的過程變輕鬆了，效果也好多了。

當你假裝成一個你不熟悉的角色時，你扮演的人便開始成了你的一部分，你也成功地突破了自己的邊界，為自己解鎖更大的地圖。

如果你還不是，就假裝是。因為，裝得多就像了，像得多就是了。因為相信，所以假裝；因為假裝，所以成為。

相信，就會看見；努力，就會實現。加油！

# 藏起直覺反應，
# 用第二反應決勝

你的第一反應可能成就你，更可能害了你。

前幾天，一個新的訊息 APP 上線，我馬上下載試用，覺得不錯。於是，我第一時間推薦給朋友，並附上我自己的帳號，讓大家加我好友。

讓我驚訝的是，幾十個人秒回我。我掃了一眼，基本上有以下五種反應：

「這個看起來就跟微信一樣啊，沒必再載一個吧。」

「好像還要花錢吧？花多少錢，貴不貴？」

「這個是騙人的吧？！」

「用過了，很難用，體驗非常差！」

「我立刻下載！加你！」

人的第一反應是本能，它最真實，也最可怕。它是你思維的起跑線，也是思維慣性的呈現。

不要看「回覆」這麼小的一件事。據我觀察，一個人在其他時候，接觸到其他事物時，他的反應也極有可能是相同的。因為人都喜歡待在自己的舒適圈，除非這個反應給他帶來更大的痛苦和損失，不然第一反應會傾向保持不變。你要知道，你的第一反應，主宰了你的人生。

## ▋「讀書課測試」

你的第一反應是怎樣呢？

你有沒有阻礙自身發展的第一反應呢？

別急，我們來做個小測試，我管它叫「讀書課測試」。

我曾開過一門課，叫「一年讀 1000 本書，我收穫了什麼？」

好，先停下來。看到這個標題後，拿出一張紙寫下你的第一反應和感受。

不瞞你說，當年一發佈開課通知，評論區可是炸開了鍋：

「每年讀 1000 本書，怎麼可能，是騙人的吧！」

「一年讀 1000 本，是漫畫書吧，沒必要聽！」

「聽過了，陳腔濫調，沒收穫！」

「這課要收費嗎？最好是免費的！」

「這麼神奇？我去聽看看能學到什麼？」

以上反應，有沒有一個，至少和你的反應特別類似呢？

仔細比對篇章開頭所提到的反應，你會發現，第一反應就是這五個最經典「懷疑、沒必要、挑毛病、價錢、學習」。這些反應都沒有對錯，但有兩個可怕之處。一是，五個反應中的四個都偏向消極；二是，大多數的反應，都是在還沒有嘗試、經歷和體驗之前，就給出了一個先入為主的判斷。

擁有這一類第一反應的人，容易固執己見，他們會覺得超出認知的，都是假的；比我厲害的，都是騙人的；我沒見過的，都是不存在的。在他們所認為的世界裡，考試成績好的人是因為偷看了別人的答案，有錢人能致富是因為從事了非法勾當，成功者背後一定有見不得人的黑歷史。

他們總是反應激烈，而從不反思；他們總是挑刺，卻從不學習；

他們總是把自己錯誤的歸因，當作世界的真理。他們通過挑毛病的方式來獲得優越感和報復的快感，最終得到一種自己「沒有被超越」和「沒有差很遠」的幻覺和安全感。

當他們被自己的第一反應蒙蔽，沉浸在自己的幻覺中沾沾自喜的時候，卻忽略了真相是什麼？其實真相是，我大二時，因為失戀很痛苦，於是把自己關在圖書館，讀了 1000 本書。就那一年，而不是每一年。更重要的是，這節分享課的主要結論是，一、讀書的目的，是完善你解釋世界的系統；二、沒有必要讀那麼多書，更不需要用本數來衡量；三、精讀比速讀，更有利也更有效；四、讀書是開始，而不是結束，下一步是去運用和驗證。

以上就是我「讀完 1000 本書」後最大反思和收穫。你有沒有覺得，真相好像跟你先入為主、未經考究的判斷有差距呢？

思維即境界，眼界即世界。

俗話說「沒吃過豬肉，至少見過豬走路」，說的就是這個道理。就算沒吃過豬肉，你也看過豬走路，知道豬是可以吃的，這很重要。因為這個眼界，早晚會使一個沒吃過豬肉的人，吃上豬肉。

如果你看都沒有看過，連知道都不知道，人家和你說的時候，你還自我封閉，哪怕把它作為一個認知選項都不願意的話，最終只能活活餓死。

## ▍最嚴重的第一反應

生物界中有一種生物，叫作草履蟲，它只有單細胞，屬於低等生物，而且沒有神經，所以只會有緊迫反應（stress reaction）。它的反應模式是，外界戳它一下，它就縮一下，或是躲一下。這也是生物最原始、最本能的反應，目的是保護自己。

身而為人，成為真正的高級動物，就要去掉自己身上這些低等元

素，與生物本能鬥爭。比如說，有些人，一點就著，他們罵不還口，直接還手。像這樣，一碰你，你就縮、就躲、就還擊，那跟草履蟲有什麼區別呢？

還有一種人，他們的攻擊不向外，只向內。你一說，他就難過；你繼續說，他就哭；你再說得重一點，他就要去死。這種人有一顆玻璃心，甚至是豆腐心。

心理學界中，有一種現象，叫確認偏誤（confirmation bias）。簡單來說，就是你會偏向相信腦中已有的觀點或成見，會自動為其尋找證據，並無法接受相反的觀點。

比如你懷疑鄰居偷了斧頭，怎麼看他怎麼像賊；後來斧頭找到了，卻怎麼看都不像了。「智子疑鄰」的典故，是「確認偏誤」的最佳詮釋。

我見過最嚴重的第一反應，就是草履蟲般的緊迫反應加上確認偏誤般的固執了。這種第一反應，一般表現為口頭禪，比如說「靠！」

你今天看了一部不錯的電影，說「靠！」然後吃了一頓可口的晚餐，也說「靠！」最後回家的時候，心儀的人打電話給你，來電顯示的那一刻，你還是說「靠！」

思維會塑造你的語言，同樣，語言會反過來影響你的思維。口頭禪是危險的！如果面對所有事情，你的第一反應都是口頭禪。所有的情況，你都用單調的詞彙回應，試問，你跟一條狗有什麼區別？你的「靠！」「靠！」「靠！」就像它的「汪！」「汪！」「汪！」

## ▌你的限制性信念，就是你的第一反應

第一反應的背後，是你的限制性信念。

限制性信念的存在，限制了你發現更多的可能，是人生最大的一

塊絆腳石。如果有了這個認知，你會發現，在人生前進的路上，絆倒自己的，往往不是層出不窮的障礙，也不是一路遇上的對手，而是那個固執己見的自己。「內部的」敵人，遠比外部的敵人來得可怕。

比如說，一個女生碰見男生，她就想逃跑，她覺得男生很可怕。因為她的第一反應是「男人都是壞人」。

我曾經認識這樣的女孩，並決定引導她打破原有的第一反應和限制性信念。

我問她：「如果你覺得男人都是壞人，難道你要孤獨終老嗎？」

她搖了搖頭。

我繼續問：「如果你覺得男人都是壞人，難道你可以愛上女人嗎？」

她繼續搖搖頭。

我最後問：如果你覺得男人都是壞人，請問，你覺得你父親、你外公、你爺爺，還有你弟弟都是壞人嗎？

她再次搖了搖頭，又若有所思。

第一反應的動機很可能是保護，但結果很可能就是限制。而限制的時候，你又會習慣性全盤否定，所以才抹煞掉所有的可能。

發展可能性，不等於叫你不保護自己；保護好自己，又不代表要限制所有的可能性，這兩者本來並不衝突。

如何改變？最好的做法是「保護好自己，但又不限制自己的可能性。」就像這位女孩覺得男生很危險，當有心儀的男生邀約，她要不要赴約？可以赴約啊！可以先選擇不要一起吃晚餐，改成一起吃午餐啊！

你要開始學會，從第一反應覺察自己的限制性信念；再從限制性信念倒回來，改變自己的第一反應。

## ▌用第二反應，替代第一反應

十年前，我有一個特別不好的第一反應，就是「聽不得別人給我的建議」。別人一給我建議，或開始說教，我的第一反應就是：你覺得我不知道嗎？你懷疑我的智商嗎？甚至有時候，我還會反擊。

意識到問題後，我給自己設計了一個第二反應，來取代這個第一反應。

請注意，「替代」就是最好的改變。我們常說要改掉一個壞習慣，但總是改不掉。為什麼？因為改是非常難的，最好的方法是「不去改」，直接用一個新習慣，替代原來的舊習慣。

我的第二反應是，當聽到別人給我建議時，我會問自己以下三個問題：

1. 對方說的有沒有可能是對的？
2. 我所做的有沒有可能是錯的？
3. 對方說的有什麼我是可以學習，進而讓自己做得更好？

第一反應是本能，第二反應是才能。才能，就需要你用理智去學習、思考，然後創造。而不是衝動、挑毛病、自怨自艾。

只給出消極的第一反應，永遠不會有新可能，它只有一個可能，就是這個消極反應不斷反覆，惡性循環。直到你能選擇一個更好的第二反應，來替代原來的第一反應，打破迴圈。

**內部的障礙，遠比外部的障礙更可怕，最大的敵人，永遠是自己**。所以，千萬別讓你的第一反應，主宰了你的人生。請從現在開始，設計你的第二反應，並對自己負全責，讓你自己，成為人生的主宰。

# 你要斜槓到死，
# 還是一招完勝？

　　年初時，我的學生來找我，請我幫她看一下職涯規劃。我接住她遞過來的紙，只見紙上密密麻麻地寫了十多個職業身分。

　　我說：「十幾個職業？你確定這都是你要做的嗎？」

　　她目光堅定，點了點頭說：「是的！我很確定！」

　　我說：「為什麼呢？」

　　她說：「我要像大家一樣，成為一名斜槓青年！」

　　我嚇了一跳，跟她說：「孩子，回頭是岸啊！」

　　她不解，「反問道：為什麼啊？」

　　我說：「因為，斜槓青年對大多數人而言，是個被誤解的概念。」

　　「斜槓」這個詞，來源於英文 slash，意思是擁有多種職業和多重身分的人。這種人可能有一份穩定的工作，而在工作之餘發展出他們的其它興趣，並以此獲得額外的收入。

　　這個時代，又被稱為「斜槓時代」，「跨界」成了一種風氣。似乎一個歌手，不去做演員演個電影，不去當個主持人，就不是一個好歌手；一個 CEO，不開個發佈會來場演說，不去參加一個真人秀，就不是一個好 CEO。

　　我們不得不面對的事實是，對大部分年輕人而言，很多人都希望能選擇更多，但只有一小部分人能承擔更多。對他們來說，做好本分

工作，可能就已經很不錯了。

## ▌你那不是「斜槓」，你那是兼職

小時候，很多人告訴你，要多才多藝；讀書時，很多人又來告訴你，要德智體群美全面發展；出社會後，很多人再次出現想告訴你，你要發展副業，你要成為一名「斜槓青年」。

我每次聽到有人這樣鼓吹，總覺得這些人別有用心，因為你沒有主業，怎麼會有副業；你沒有一個身份，怎麼會有多重身份；在沒有一個足夠厲害的特長之前，你的「多」，必然會影響你的「專」。

如果多幾個身份和標籤，就能算「斜槓青年」的話，我覺得，沒有誰比得過小時候咱村裡頭的劉大媽。劉大媽，更精確地說，是斜槓老年。一人囊括「洗碗工／雜工／縫衣匠／海報寫手／街頭歌手／毽子運動員／保姆／插秧能手／養豬高手／殺雞達人……」按今天的標準，我敢斷定，年輕時，劉大媽絕對是「斜槓青年」。

專門給我家送快遞的小哥，有次告訴我，他的生活非常忙碌。我說忙啥呢？他說上午要送順豐，下午要送 Fedex，晚上還要送 e 袋洗[11]。看起來，他就是個典型的「斜槓」啊！

我想認真地告訴你，這麼做並不會成為「斜槓青年」，大多數人都不會，你只會成為「兼職青年」。因為你要從事的多個職業毫無關聯，無法相互加成，並都要耗費時間來兌現。本質上，你只是花更多的時間，出賣更多的勞動力來賺錢。勞動是光榮沒錯，我也並非在討論好壞，我想說的是，如果你把時間都放在了瑣碎的兼職上，久而之，就會惡性循環，失去在社會上立足的資本。

這個是你成為「斜槓」的最大風險。兼職耗費了你大部分的時間

---

11 e 袋洗：中國當地到府取送的洗衣業務。

和精力，你卻沒有為自己留下一點空間，培養你的競爭力，為你的時間增值。為了賺點小錢，卻佔用了你本該用來前進的寶貴時間，得不償失。

我能理解你為何非要成為「斜槓」，因為你想要那種看上去、聽起來「很厲害」的感覺。但面對現實吧，我們說一個人厲害，一定是說他在某一方面、某一個領域很厲害。我們並不會因一個人涉獵多方面就說他厲害，因為我們非常清楚，這個人就只是「涉獵」而已。 一個人要是足夠厲害，有名字足矣，根本不需要成堆的頭銜，好比王菲在社群的自我介紹，只有四個字「暫無介紹」。

英文中有一句話，叫作"To know everything is to know nothing." 這句話相當接近真理，什麼意思？樣樣皆通，樣樣皆鬆。翻譯為大白話就「貌似懂很多，實際上啥都不懂」。

## ▌不好意思，我不是「斜槓青年」

有一次，有一位朋友和我說：「你真是一個傑出的斜槓青年啊！」
我打趣道：「快別侮辱我！我不是！」
朋友說：「為什麼啊？」
我說：「你想，一個人得多麼傻，才會想要成為斜槓青年啊！並且，一個人得多麼弱，才會標榜自己是斜槓青年啊！還有，一個人得多麼壞，才會想讓別人跟自己一起成為斜槓青年啊！」
朋友不服，列出證據：「你是英語名師、NLP 高級執行師、國際認證催眠師、商業策略顧問。而且你設計的個人成長課程，和你寫的個人發展專欄，都很受歡迎啊！你就是斜槓青年！」
熟悉我的學生和朋友都知道，我確實從事過以上的職業。但你可能忽略了一點，這裡提到的幾個職業，都有一個共通點「應用語言的能力」。而這背後的核心能力是「語言的敏感度和思維能力」。

你看到的，只是我這幾個表面的「身分」，它們是結果。憑這個結果，你就輕易下了判斷我是「斜槓青年」。但你卻忽略了，我完整的發展過程。更重要的是，你不知道，把這些項目加進到我個人成長的規劃前，我經過了充分的考慮、理智的選擇。

　　上高中時，我就對語言感興趣，自己也有不錯的敏感度。所以大一時，我選擇了外語系，主修商務英語，當時我們有一門叫語言學的必修課。有一天，我從語言學的書中發現了一個陌生名詞「NLP」。我便習慣地去查，結果越看資料，越有感覺，進而瞭解到 NLP 已經是一門具體系的科學，當機立斷，報班學習。

　　這裡我並沒「斜槓」，也沒跨界，因為 NLP 的全稱是 Neuro-linguistic Programming，譯成中文，就是「神經語言規劃」。它也還是語言學，事實上它是一半的語言學、一半的心理學。當然你也可以把 NLP 理解為，用心理學的視角去看語言。

　　當我在 NLP 上不斷深造的時候，我知道了語言和人的思維、潛意識密不可分。而且當我再去搜尋語言、思維和潛意識的關係，進一步瞭解它們如何相互作用，這個相同的過程，讓我最後接觸到催眠，就順便把催眠也學了。

　　我有個習慣，一旦選擇了就做好，最後我就把三者都學成了。但從頭到尾，我都不認為自己學了三樣不同的事情，我覺得我都在學同一件，關於「語言應用」的事。

　　看起來，變的是形式，但不變的，是本質。
　　在我自己的角度，我只是做了一件最核心的事，而在你的角度，我完成了好幾件事，所以你覺得我「斜槓」。事實上，我一直在做自己喜歡並擅長的事，並把它們做到最好。「斜槓青年」的說法，完全是一種誤解。不好意思，我真不是。
　　這個世界上，去做很多事其實很簡單，因為三心二意是人的本

性；真正難的是把一件事做到足夠好。你想啊，有多少人，還是學不會「一心一意做一件事，全心全意愛一個人」？

## ▌ 把一招練成絕招

我從小習武，五六歲的時候，父母就把我送到師父家，天天跟著師父練習。

記得剛開始時，師父只給我們示範，如何打好一拳，並告誡我們什麼是武術：這一拳練好了，就是武術。當時我也沒完全明白，因為師父嚴厲，只好聽話照做。

我一拳接著一拳，打出去，收回來，再打出去，再收回來。練來練去，都練著這麼一招。三個月過去，我不耐煩了，有點想放棄。師父好像看出了我的心思，說：「耐心點，繼續練。」

我嘟著嘴抱怨：「這都不是武術，無聊死了，為什麼師父不教點別的招式呢？」

師父責備：「這就是武術，別廢話，接著練！」

師父握著我的拳頭，邊調整我的動作邊說：「注意拳眼，不要握太緊，注意收手肘，沉肩，力從地起。」

師父非常在意每個細節，他再三叮囑，如果這些細節沒有做到，就不算是一拳，就不是武術。

一拳，兩拳，三拳，不知道一共打了多少拳，又半年過去了，再大的耐心，也熬不過年少氣盛。記得那一天，我完全失去了耐心，跑到師父跟前說：師父，我不學了，我要退學。

師父詭異地一笑，說：「你等一下。」說著就從門後拿出一塊木板，放到我的面前，然後說：「來，打打看。」我本來就有點脾氣，一拳出去，木板應聲開裂。我有點不敢相信，收回拳頭，細細查看，我的手竟安然無恙。師父滿意地點點頭，不知他從哪兒又變出一塊磚頭，舉到了我眼前，說：「來，再打打看。」

這下我猶豫了。師父說：「別怕，記住我跟你說的，來一拳。」

拳打出去的時候，「注意拳眼，不要握太緊，收手肘，沉肩，力從地起」師父平常的教導在腦海中一閃而過，清脆的一聲，磚頭飛出去半截，我嚇得合不攏嘴。

師父拍著我的肩說：「你看啊，你學會了！你現在能讓十之八九的人失去還手之力了。」

看著我驚魂未定的樣子，師父說：「為什麼我們不先學招式？你想一想，你的對手在你面前花拳繡腿擺弄半天，架勢看著不錯；結果你一上來，打一拳，他就趴下了。你覺得，這一招有用，還是那些花招有用呢？」

我恍然大悟，有的人練武一輩子就練這一拳，有的人練武一輩子卻練了一百種招式，所以最後有人成了武術家，有人卻成了武術表演藝術家。所謂練武不練功，到老一場空，把這一招練成極致絕招，就是功啊。

在我們學習、職業和個人發展的選擇上，難道不是一樣的道理嗎？**你需要的，不是標籤，而是價值。你有再多的子彈，也不及你有一顆原子彈。**所以，你需要的不是「斜槓」，而是絕招。

就像我們當老師，我們要練的那一招就是備好課、講好課。就像我們學語言，我們要練的一招就是把一門語言學到極致，學成母語的樣子。就像我們個人成長，我們要練的一招就是我們的本業，我們的天賦才能，讓它們成為核心競爭力。

創業圈中有一句非常流行的話「因為專注，所以專業」。

人生最重要的事情，只有一件。找到這件事，把你所有的時間、注意力、心智、精力全都投入在這件事情上面。我們真不需要那麼多招，我們只要保證有一招，並且那招是絕招，足矣。

因為，一旦你把一招練成了絕招，你至少有了兩個收穫：

1. 你擁有了一個絕招。

2. 你懂得了練絕招的方式。

大家常討論什麼是高手，這不就是高手嘛——有一個絕招，並懂得練絕招的方式。

這時候，假如你對另外一件事情或領域感興趣，就把練絕招的方式套用上，無論是什麼，都能快速上手，輕鬆「跨界」。

你要學會發展優勢，才能變得優秀；並且，你還要學會用優勢發展替代趨勢發展。一個人的優勢，無非四件事「做有天賦的事，完全相信你自己，找到你的拿手好戲，把它變成你的必殺技。」

# Notes

歡迎寫下這個章節帶給你的反思、體悟或靈感！

# Part 3

深度學習，將「沒有想法」
變「好有想法」

# 你所在的高度，
決定你能看見什麼

你所在的高度，決定了你能看見什麼。

如果你立足在兩百層高的樓頂，你能看見藍天下雲卷雲舒；如果你立足在二十樓，能極目遠眺，俯瞰整座城市；如果你立足在二樓，可能就只能看見滿目的垃圾。如果你站在地面，看到自己被垃圾包圍，你可能也會懷疑，自己就是垃圾。

而維度，就是你看問題、思考問題和解決問題的「立足點」。選擇更高的「立足點」，就是提升一個維度看問題，這就是「升維思考」；很多時候，當你站得更高，看得更遠，問題就不是問題了。

升維思考的下一步，是「降維打擊」。降維打擊，就是我有一個面，你只有一條線；我有一條線，你只有一個點；或者更直接，我有一個面，你只有一個點，我就能輕鬆把你滅掉。

舉個簡單的例子。在螞蟻的大腦中，世界是二維平面的，只有「前後左右」兩個維度，沒有「上下」這第三個維度，所以，當它被一根從天而降的手指壓死時，牠一定死不瞑目。

這就是自古以來的取勝之道，強打弱、大打小、多維打單維、高維打低維。有了這個基本認識後，我們要做的就是提高自己思考的維度，盡可能看多方面，需要時，便能降維虐打對手，解決問題，立於不敗之地。

總結過去我自己十年的快速成長和行動經驗，我有四個方法，來進行「升維思考，降維打擊」。

## 方法一　古為今用

　　人類發展的歷史長河中，留下了無數的智慧。我們都知道，中華文明上下五千年，有文字記載的人類文明六千多年。而據考古學家推測，人類文明的真正長度，可能是以上時間的一百倍。

　　時間長度不是重點，重點是，這樣長的時間，留給了我們什麼；又或者，帶給了我們什麼？

　　看的書越多，走的路越遠，接觸的人、事、物越廣，我越來越能發現一個接近真理的事實「天底下沒有新鮮事，一切不過是重複的歷史」。歷史在重複，我們也是。

　　就像人的成長、進步，到最後取得的成就，都會受到原生家庭影響。你最早從父母身上學到了一切，你學會了如何看待世界，如何去愛，如何為人處世，如何決議事情，如何獲得自己想要的。你會發現，你身上的優點，都繼承自你的父母；甚至你更多的缺點，也來源於他們。青出於藍，只是個理想狀態，更真實的情況是，你是他們的影子，很容易地，你又重複了他們的一生。

　　我們總想創造歷史，但事實是，我們沒有創造歷史，我們被歷史創造。人的本身，也難以擺脫這種重複。我們觀察自身，能看到「今天的我，不過是昨天的我的重複」。你有沒有發現，好像你總會為特定的幾件事煩心，總是犯某些錯誤，總是後悔自己沒有做一些事情，也總是會吸引一些有相似特點的人來到你的身邊。無論好事還是壞事，他們都在重複，也許形式不同，但本質雷同。

　　重演不是壞事，這甚至是生命的本質。你看我們現在的軀體、心臟、頭腦，都由過去的一個個細胞不斷複製和分裂而成。複製和重演，是我們生命最底層的規律。

由此可見，如果你對生活不滿，現在的某個不滿，可能就是由一個很先前的不滿，慢慢複製，長大，然後爆發。反過來看，今天為什麼要進步？為什麼要多養成一些好習慣？原因很簡單，就是希望在明天生命重演時，能複製好的習慣，複製優秀的品質，如此效果也自然加倍。

　　無論是什麼，都是種子，只要你去澆灌，它都能長成大樹。好習慣是，壞脾氣亦然。時代和歷史也一樣，本質是類似，實質是重複，所謂的變化，不過是表面上的工具和載體發生了改變。

　　不管你現在是否能理解，請先記住：我們沒有創造歷史，我們被歷史創造。

　　如果我們能從「實質沒變，只是重複」這個角度去思考，反觀源遠流長的人類文明和智慧，或許現在我們遇上的很多困惑和問題，我們的祖先早已遇到過。這些問題早就被發現、被思考、被研究，也早已產生標準答案了，甚至這些答案，也被優化多次。

　　我們之所以困惑，也只不過是我們不知道而已。

　　只要我們從歷史的長河裡，去探尋答案，現在的問題就會豁然開朗。因為比起歷史裡發生的大事，我們身上發生的，是小事。

　　從歷史的智慧中找答案，就是升維思考，再把歷史裡的規律和方法用在我們個人進化上來，就是降維打擊。

　　如果你是一棵小樹，要想變成大樹，要做的事情其實很簡單，就是去研究那些已經長成的大樹，研究他們的成長方法和軌跡，再用到自己身上來，不久的將來，你也能成為大樹。

　　之前一個企業家來找我做諮詢，問我該如何成為領袖，以及建立和帶領自己的團隊？

　　我說：「其實你根本不用看如何帶團隊的書。」

　　我告訴他，只需要從人類文明中去找答案。你會發現古羅馬和

古希臘，曾擁有世界上最強大的軍隊和將領，你去學習他們將領的處事方式，如何行軍打仗。然後應用到你公司裡面的小團隊，自然不在話下。

哪怕你只是回望古代中國，也有世界上最好的將領和軍隊。中國歷史會告訴你，一個好的將軍要做到三點「身先士卒、有勇有謀、既嚴格又慈愛」。其中最後一點最重要，好將軍在訓練士兵時，是極為嚴格的，其嚴格的目的，是為了保護士兵。平時的充分訓練是為了上戰場後不會輕易戰死；而在士兵中箭受傷的時候，這位將軍又能蹲下來，一口一口把士兵傷口裡的箭毒吸出來。

再比如，你如果想知道管理時間的關鍵是什麼，看了十本時間管理的書，可能依然不得要領。但如果你在歷史中找答案，看看亞當・斯密的《國富論》，它第一章就告訴你時間管理中一個最重要的認知「俗務外包」。

亞當・斯密舉了一個制針工廠的例子。工廠把制針這個工作分成大約十八種不同程序，每一道程序都有專門人才從事。因此，一個十人的小工廠，每天能製造四萬八千根針。如果他們獨立工作，不專門從事某一道程序，沒有人能一天能做出二十根，也許連一根都做不出來。所以，凡是採用分工的工藝，便能相應增加勞動生產力。

簡單來說，你有自己的專業所長，你所有的時間都該用在自己最擅長的事上；而那些你不擅長的事，都是你的「俗務」，就把它們「外包」出去，讓更專業的人來完成。好比我要發文，雖然我擅長寫文章，但不擅長排版，我就請一個助理來替我完成排版的部分，那我便能更專注地將時間和精力，集中地放在內容的創作上。

再上升一層思考，和你人生終極目標或最終幸福不相關的，都可以定義為「俗務」。比如說，平時我會叫外賣取代下廚，會請阿姨來打掃收拾，也不會自己開車而是讓司機接送等等；最近我還請了一個

髮型師，固定每月來我家剪頭髮。因為這些事情對我來說，都是生活的瑣碎，我認為生命寶貴，不該被這些事情佔據。而我的這些舉措，都能節省我的精力，同時也增加更多時間和空間能大量的思考。

你要記住，人生為一件大事而來，其餘都是俗務。

如果你有閒錢，我的建議是，都用來為自己購買更多空閒的時間。哪怕是一點點也可以，起碼這是個好的開始。

快速複習一下，你想好好管理時間，於是從歷史的經典裡找答案，然後得到「俗務外包」的新觀點；維度升高了，你自然就開始思考，什麼是你的專業，什麼又是你的俗務，進而把你的「俗務」都安排出去，最後還能延伸出一個結論，那就是有效的金錢使用方式「花錢買時間」。

可以推想一下，你因為得到了這個認知，人生會走進怎樣的嶄新迴圈？

你開始承認自己能力有限，你開始學會只把注意力放在自己擅長的事上，你開始用錢買時間；有了閒置時間，你就可以深入思考問題，更迅速地前進，並以更快的速度，賺到更多的錢；有了更多的錢，便能買回更多的時間。直到你可以買回所有自己的時間，也有了用不完的錢，達到財務和時間的雙重自由。

同樣，如果想知道如何做生意，就去研究《羅斯柴爾德家族》，而不是去看 108 個賺錢的方法；如果想知道怎樣激勵孩子，就去看《洛克菲勒留給兒子的 38 封信》，而不是看如何當個好媽媽；如果想學寫故事，就去看《伊索寓言》《安徒生童話》《一千零一夜》；如果想瞭解自己，就去看《自卑與超越》；如果想瞭解他人，就去看《人性的弱點》。

如果你想得到一個行業裡面最寶貴的經驗，就去研究該行業中，經典中的經典。再重述一遍，天底下沒有新鮮事，一切不過是歷史的

重複。

　　你在典籍中學會了智慧，然後用幾千年的經驗，來對付別人幾年的經驗，你說，這不是降維打擊，是什麼？

　　歷史中的經典，就是升維思考的第一個重要維度。請記住，別人能教會你的東西，歷史必能教會你更多。

### 方法二　他山之石

　　「他山之石，可以攻錯」第二個方法，顧名思義，這個維度的關鍵是「跨學科思考，跨領域借力」，然後實現降維打擊。

　　在新東方教英語的時候，我常常叮囑同學們「要把生活學習化，把學習生活化」為什麼要這麼做？原因很簡單，如果你只是抱著課本學習，容易失去樂趣，失去動力，更重要的是，很容易失去維度。

　　最好的知識，都在生活裡。如果你能把人生當學校，在生活中學習，你的學習就會成為我一直提倡的「全方位，多角度」。在知識應用層面，你就能輕易地舉一反三、觸類旁通。

　　我的好朋友李尚龍，他是英語老師、編劇、作家。為什麼他寫的勵志文章總能打動大部分人？或者說，為什麼很多人覺得他文章寫得好，且多有共鳴？而反觀同類作者的文章，總覺得差點意思。

　　我深刻研究過這個問題，發現本質原因，正是尚龍的跨界能力、多元思維的靈活應用。

　　講課、寫劇本和寫作，它們本質類似，都是一種表達，但側重點有所不同。比如，講課側重解釋力，舞臺劇劇本側重對話，電影劇本側重畫面，而寫小說卻側重情節和描述。所以你看尚龍的一篇文章，是有解釋、有對話、有畫面、有情節、也有描述，一共五個維度；而一般的作者，只有描述一種維度。所以，多維打單維，高維打低維，這又豈是差點意思而已？

　　簡而言之，跨界知識的靈活運用，是升維思考的第二個重要維

度。只要把一些相關領域的知識或標準，移用到你的專業領域，你在能力上就能輕鬆超越只待在這個領域內的人。

於是，我開始反思，我的第一職業是廣告文案，第二職業是老師，第三職業是諮詢師。當我開始寫書的時候，發現自己並不擅長寫作，那我該怎麼開始呢？甚至，我該如何界定自己寫作的特點，從而在一開始，就儘量達到比較高的維度呢？

我分析了一下從事過的幾個職業，廣告注重的是共鳴和精練，教課注重的是解釋和傳授，而諮詢注重的是提問和引導，所以你會發現，我的文章，也會有這六大維度「共鳴、精練、解釋、傳授、提問和引導」。而且關鍵是，這些維度都由我的人生經歷組成，有過長時間的實操檢驗，他人短時間無法學會，也難以超越。

當然，跨學科知識的運用，並不代表你必須精通那個學科。有時候，你只要有常識，就可以構建層面更豐富的認知。比如，你把最新的創業思維「小步快跑，快速試錯」，應用在個人的成長上，就可以得出行動標準，「先從一小步開始跑起來，然後慢慢調整，完成比完美更重要。」

你還能把公司管理的方法，用在自我管理上，做自己的 CEO，更好地掌握自己的人生。比如，公司管理的一個重要原則「情緒最小化，利益最大化」。將這個標準放在為人處世上，當你遇上不好的事情，你可能就不再怨天尤人了，你會開始問自己，這教會了我什麼？我又學會了什麼？

你再把投資增長的邏輯，用在個人的發展上。你知道了投資的「複利效應」，在自己做選擇時，就會拋棄眼前的好處和短期的收益，傾向做能長期產生複利的事情。

他山之石的關鍵是，這個石頭越大，效果越好。所以，平時課堂上，我也管它叫「大材小用法」。比如，你把宇宙規律用在為人處世

上，把物理定律用在溝通交流上。

像是你知道「有作用力，就必有一個反作用力」。所以，為什麼要與人為善，為什麼對人要多讚美、少批評？或者在個人生活目標上，為什麼要不問收穫、不問回報地付出？因為，**有作用力，必有反作用，你給出去的一切，都會回到你的身上**。這個世界就是這麼運作的，你按照這樣的方式來運作自己，與宇宙規律一致，活得更通透也更自在了。

說到這兒，肯定有人會想問，如果找不到這些高維思想來幫助自身的成長，怎麼辦？我想告訴你，不會找不到的。只有懶人，才會找不到，又或者，你沒有那麼想改變吧。

怎麼找？我舉個例子，你自己來舉一反三好了。比如，你的目標是讓自己個人成長的腳步更快。個人成長對應的高維思想在哪呢？你就想，世界上發展最快的什麼？金融世界、商業世界、網路世界都瞬息萬變，這三者的變化和發展的速度非常快。那你就用各種方法，收集關於這三個領域最新的一百條觀點或原則。再挑出十條最符合你目前的目標，把它們當作你個人發展的準則，開始照著執行，最後你的發展速度就是世界速度，你的個人能力也必定快速提升。

### 方法三　行動無時差

過去這些年中，我不斷地問自己，人與人的差距到底是怎麼造成的？如果今天我和另一個人比較，我和他之間有差距，這個差距到底是什麼原因造成的呢？

最後，我發現了一個讓自己無比震驚，卻又十分簡單的答案。

人與人之間的唯一差別，就是「時差」。

**時差有兩種。**一種是自己和自己的時差。比如，你今年 30 歲，但過去總在浪費時間。你以前的漫不經心加起來，一共浪費了二十

年，所以實際上，你沒有活三十年，你只活了十年。所以，雖然你 30 歲了，卻只活了十年，這就是時差。

另一種是自己和別人的時差。比如，過去的十年，你的朋友每天努力學習，保持上進；而你用同樣的十年，每天吃喝玩樂。十年後，你的朋友成了學習高手，你成了玩樂高手。這裡沒有誰好誰壞，只是從更現實的角度，世界可能會對你的朋友更溫柔一些，這就是時差。

你要開始明白，你的歲數，只是生理年齡，並不能代表什麼。你無須在意一共活了多長，你只需在意活著的時間裡，不僅活出了意義，還創造了價值。

就像你和同齡人比較，你們活了同樣長的時間，但為什麼你會不如人？無非是因為他用了這些時間來做了正確的事，而你沒做；他用了這些時間來努力，而你沒努力；他用了這些時間為自己的人生積累，而你沒有。或者更簡單的理解是，你們活了一樣的時間，但他努力的時間、創造成果的時間比你多。大家同活了二十五年，一個可能累積出 50 歲的思考水準和洞見，而另外一個，卻只有十歲。這就是兩個人的時差。

或者是，我主動學習你不主動，所以我現在掌握的資訊，你多年後才掌握。還有一種情況是，我研讀經典你不研讀，所以我現在掌握的是人類幾千年的文明、幾百年的哲思、數十年的智慧，而你只有過去十年的生活經驗。這也是時差。

先不論學習能力、轉化能力，光是資訊的層面，就是幾百年的時差。如果這兩人一比……別鬧了，這能比嗎？

而造成時差的主要原因，有三個：獲取資訊、思考內化、投入使用。由於「拖延、誘惑、目標不明確」等原因，在這三件事上，又會分別產生時差。

其中「獲取資訊」是最為重要的一點。比如，我讀一本書後引起

了深入思考，最後也在生活中使用書中的原則方法，幾年後，我的生活產生了品質上的飛躍；但作為同齡人的你，幾年後才讀到同一本書。這時候，你的起點，就是我的終點。在真實的世界中，光是閱讀的時差，就足以拉開天地一般的差距。

第一步就落後太多，更不用說後面的思考和行動了。但你別灰心，你要想，只要開始了就是好事，因為雖開始得晚，但比起那 80% 不讀書的人，你總歸是要更強。

就像你現在讀的這本書，書中我試圖給你更多的角度和觀點，現在書在你手中了，我為你感到高興，因為你已經快人一步了，甚至可以追回之前落後的時差。

我至今最慶幸的事，是高中時身為一個物理資優生，升大學轉而攻讀英語專業，選修日語。大學四年的勤學苦練，給我的外語打下了堅實的基礎，而努力學習英文的日子，讓自己感到最高興的就是，我可以持續用英語閱讀，第一時間獲取第一手資訊；在別人為讀到一本暢銷書的譯本而欣喜若狂時，我能因為五年前已經讀過原文版而暗自高興。

因為，這不僅是「無障礙閱讀」，關鍵還是「無時差閱讀」；而閱讀無時差，是行動無時差的第一步。當《紐約時報》暢銷書排行榜一出來，我就可品味原文版書中最新的研究和觀點。而這種無時差閱讀帶來的高興，不僅僅是因為心理優勢，它還有實質優勢。

我稍微做個分析。一本美國出版的新書，在當地的傳播推廣後成為暢銷書，再經過我國購買版權、英中翻譯後才會在國內上市，這過程通常需要三、五年。而歷經三五年，很多理論會被推翻，很多觀點會被更新，現在你讀到一個「新觀點」而產生的認知，其實是卡在了五年前。

比如說，現在中國創業圈很流行「精益創業」的概念，但五年前

在美國已經流行過了；現在國內產品經理提倡的概念「第一原理」，早在三年前美國已經街知巷聞。這樣的例子不勝枚舉。

之前有幾個創業公司的 CEO 來找我諮詢，問我怎麼預測未來三到五年的趨勢。

我笑了笑說，哪裡需要預測啊！如果你能看懂英文，直接去看美國現在最新的商業書籍、期刊，就能知道五年後的中國會發生什麼事了！又因為中國人口基數大，任何新事物都會以更高的速度成長或消亡，加上網路的推動，現在美國流行的理論、正在發生的事情，三年後就會在中國形成風潮。

學好一門語言，會多一個世界；而所有商業的本質，都是資訊不對等。因為語言不通的不對等，給了我們預測未來的方法，同時也帶來了發展上的實質差距。

站在三到五年的時間點上，我們的差距好像也頂多五年。但實際上，長年累月，認知時差和行動時差的疊加，周而復始，將會變成一個無法逾越的差距。所以對於「美國科技領先世界三百年」的說法，我毫不懷疑。

從世界的角度看，一個理論在發達國家被創造，傳播到發展中國家，繼而流傳到相對貧窮落後的國家，最後到山中部落的人都了解，可能需要幾百年。因為不難想像，在幽居深山的部落裡，你無法向部落的族人解釋什麼是飛機、什麼是火車，哪怕飛機已經發明了一百多年、火車已經發明了兩百多年。同樣，你走到山中，你也難以向淳樸的村民解釋，什麼是「精益創業」，什麼是「第一原理」。

從個人的角度看，如果你不開始無時差學習，不進行無時差行動，哪怕你活在相對發達的國家和地區，除了吃得好一點、睡得好一點、可以看電視以外，你和深山裡的土著，區別又在哪兒呢？

我們要做的事情，就是盡可能無時差地獲取資訊，盡可能無時差

地思考內化，盡可能無時差地使用和修正。爭取在日後追回時差，或減少時差。從「追上他人」的人，變成「他人要追上」的人。

機會留給有準備的人，這句話頂多是雞湯；我想跟你說，機會屬於無時差行動的人，這不僅是雞精、是雞肉，還是真相。

無時差，就是你可以使用的第三個維度。

為此，請養成一種能力，獲取第一手資訊的能力；再養成一種習慣，隨時隨地地發問、思考、內化；最後，再養成一種態度，馬上行動，做了再說！

天下招式，唯快不破！這裡的快，不是速度，而是及時。

### 方法四　把握可控

還記得曾引導過一個失戀的女孩。她很愛一個男孩，在一起半年，男孩出軌，女孩傷心欲絕，提出分手。分開的三年裡，女孩每天都怨恨著男孩。她來找我的時候，我跟她說了一句，她就釋懷了。

我跟她說：你有沒有發現，你對男孩的怨恨，已經遠遠超過了他對你的傷害了；所以說白了，一直以來，你都是自己在傷害自己；而且，你好像還很樂意這麼幹。

女孩的注意力調整過來，便一下子想通了。

我曾說過，90%的問題，都是注意力放錯了地方。

比如，你把注意力都放在了問題本身，卻忘了想解決的方案；你把注意力都放在了負面情緒上，卻忘了問自己負面情緒帶給你什麼好東西；你把注意力都放在了過去，卻忘了去構想一下未來。

人都有一種慣性，喜歡把自己的注意力放在自己不想要的東西上，卻忘了自己想要的是什麼。

**注意力放錯了地方，不僅解決不了問題，而且會心累。**

我曾經問我的一位師父：「怎樣才不會心累？怎樣才沒有痛苦？」

師父說：「吃飯的時候想著吃飯，挑水的時候想著挑水。」

我恍然大悟。原來在實踐層面的注意力，有兩個境界：

一是，做什麼的時候，想什麼。

二是，想什麼的時候，做什麼。

這其實就是我們身心腦合一的體現，也就是專注。如果身體在吃飯，頭腦卻想著挑水，當然會累！所以我認為，對專注的最好詮釋，有四個字「把握可控」。意思是，把你的注意力，放在你可以控制的事情上；你不能控制的，就別管了。

比如你無法控制突發情況的發生，但你可以控制事情的走向甚至結果；你無法控制壞事的來臨，但你可以控制面對壞事的心情；你無法控制別人的閒言碎語，但你可以控制自己做事的態度；你無法控制被支配的上班時間，但你可以控制下班後可把握的時間。

人的成熟，得從意識到一件事情開始，「我們處於一個不確定的世界裡。」

世界充滿不確定性，就意味著，有很多事情，不為我們意志左右，不由我們所控制。但是，總會有你可控的事，事情中也總有你可控的部分。

所以，遇事要冷靜，並迅速把注意力調整到「這件事情裡，有什麼是我可以控制的？」再進一步的提問是「我應該怎麼控制，應該怎麼調整？」

把握可控，立即執行，就能帶你的注意力回歸，專注在真正重要的事情上。如果你的注意力都在不可控的事情上，久而久之，你的人生必然失控。要知道，注意力在哪裡，結果就在哪裡；置心於一處，無事辦不成。

**你的人生，就是時間累積的總和，也是你注意力累積的總和**，更準確地說，是你做出一次又一次選擇，產生一個又一個成果的總和。

而把握可控，就是真正地把握住生命中重要的事，從而把握人生。

　　「歷史中的智慧、跨領域的知識、無時差的行動、可控制的注意力」就是你可以為自己提升的四個高度。它們也是你「升維思考，降維打擊」的四個最好用的工具。只要增加你的維度，擴大可能性，就能過立體多元的人生。

# 為什麼聽過許多道理，
# 還是過不好這一生？

「聽過很多道理，依然過不好這一生。」——電影《後會無期》海報上的一句標語，讀來很耐人尋味。

為什麼？原因很簡單，因為有太多人以為「知道就夠了」。

所以他們產生「聽過就等於知道，知道就等於做到，做到就等於做好，就等於過好一生」的幻覺。

但事實上，「聽過道理」離「過好一生」還是很遠的。這中間的距離，就是我們的認知盲區，我們從未察覺這些距離的存在，所以不會思考道理是如何對影響人生。

## ▌我們與過好一生的距離 1：道理會過時

我們需要建立的第一個基礎認知是「道理的成立，是有條件的。」

換句話說，道裡有適用範圍。某個道理在某些情況下適用，在某些情況下則反之。以後你獲得的新學習方法、新學習技巧、解決問題的策略都同理。正如世界上沒有一種藥，可以治所有的病，所以針對不同的病，我們得對症下藥。

而最明顯的適用範圍，就是時效。不妨想一下，現在還會聽到以前老人家講的一些觀點，或者說幾十年前的觀點，但這些觀點有沒有用呢？還是它聽起來只是一句浪漫的廢話，讓你覺得很有道理而已？

舉個例子，很久以前有人說「英雄不問出處」，聽起來有道理，但只要到企業面試，首先問你的學歷。你會覺得奇怪，怎麼現實和聽到的不一樣，說好的不問出處呢？

　　後來又有人說「不以成敗論英雄」，聽起來也很有道理，但每到聚會上，大家都會問你「最近忙什麼呢？」這個問題的潛臺詞是，大家想知道你最近做出什麼成果，或是在哪裡高就，從而確定你值不值得繼續交往。所以關於「最近忙什麼？」最龜的回答就是「沒忙什麼啊」因為相當於你告訴對方「我是個廢柴。」

　　更值得我們思考的是，你聽過「英雄不問出處」「不以成敗論英雄」，都覺得很有道理，但這些道理到底有沒有用呢？還是說，它們只是你用來安慰自己頹廢、允許自己懶惰的藉口而已。

　　我們來考就一下，過去將這兩句話用在什麼地方。「英雄不問出處」出自明代詩人楊基的一首詩「英雄各有見，何必問出處」，說的是楊基對自己出身一般，後來卻身居朝廷要職的心聲表述，意思就是怕人小瞧了他，想告訴大家別看我寒門，也出貴子了。

　　另外，「不以成敗論英雄」更經典。在當時諸葛先生隨劉備敗北後，聯盟東吳，孫權笑諸葛先生自從加入劉備後節節慘敗。諸葛先生便說「自古風雲多變幻，不以成敗論英雄」意思是世事變化無常，不能因事業的成功或失敗來判斷某人是不是英雄。

　　被後人一直傳頌的兩句道理，問及出處，也難免發現人的「私心」和瑕不掩瑜的「自卑」。在你個人成長的路上，信念成本是最大的成本，簡言之，就是你信錯了東西。比如，你聽到一句話覺得有道理，就相信了，並按這句話來踐行。但如果這句話是錯的，你就會一直執行錯誤的策略，不停運用錯誤的決策標準，並朝著錯誤的方向走，直到積重難返，當你驚覺過來，已為時已晚。

　　所以，考慮到過往的社會經驗，道理改為「英雄先問出處」「要以成績論英雄」，是不是更能給你指導的方向呢？並且，在今天的社

會，我們還需不需要英雄？或者更有價值的思考是，在各行各業日趨同質化的背景下，我們需要的還是不是過去人們眼中的英雄？

我想現在比起大咖，我們更需要怪咖；與其最好，不如不同；不一定要最強，但要盡可能與眾不同。只有做跟別人不一樣的事，才會得到和別人不一樣的成果。在如今，更有效的道理是「與眾不同，就是英雄」。

所以，「英雄不問出處、不以成敗論英雄」這樣的道理其實早已過時，它們只是不經意流傳了下來，卻已經失去作用，因為它不符合我們這個時代的發展和需求。

當你下次聽到一個道理時，請馬上反思它的時效過期了沒。想一想，現在這個道理，還管不管用？或者說，它放在以前，為什麼會管用？為什麼放在現在就不太管用了？

這樣的例子比比皆是。比如說，老一輩常常會跟我們念叨一句話「錢是省出來的」。

這句話放在以前，一定是對的，因為它正在效期內。在那個動盪的年代裡，一個蘿蔔一個坑，每個人的可能性並不多，所以每個人的機會是有限的。

機會有限，代表了一個人的能力只能在一個機會上發揮，也就代表了他能力被限制了；而能力發揮有限，也代表了他透過能力賺到的錢有限。所以在那樣的時代背景，大部分的人能賺到的錢都有限，所以錢要省著花。因為今天能省下來，就能存下來，能存下來就有錢；如果這錢不省著，就沒有了。

但如今時代不一樣了，每個人都可能在下班後，發展出另一種樣貌；網路的進步又拓寬了我們能力的邊界和賺錢的機會。只要你不嫌累不嫌煩，你也能到購物網上賣東西，在社群平台賣面膜，這都是拓展收入的方式。

我以前還有一位同事，甚至批發一些進口水果，賣給公司其他同事，最後也獲得一份不錯的額外收入。如今我們真的到了一個「只有你想不到，沒有你做不到的」時代，創造收入的方式有很多，不需要像以前「拼命省錢」。如果你沒找到其他可能，或許是你不夠努力，也可能是你不夠勤奮，或只是你動機不夠強而已。

　　不穩定的時代，我們追求穩定；穩定的時代，我們追求可能性。儉樸無疑是美德，但過於省吃儉用，只會帶來限制。你無可否認，如果你今天還是用老一輩的思想，還是用以前的那個道理，作為自己的行動指標，這個道理最終會成為你的牢籠。


　　我有一個朋友小凡，在北京為了省錢選擇跟別人合租，還租了一個離市區特別遠的地方。她工作三年了，月薪還是人民幣五千元左右。有次聚會我問她：「你租那麼遠，租金多少啊？」

　　她說：「一個月一千二。」

　　我問：「為啥租那麼便宜呢？」

　　她說：「錢得省著花嘛！」

　　聽到這句話，讓我很警覺。我試圖引導她，在北京合租，比較好的地段都得三四千，如果在交通方便、生活便利的地段甚至要八九千。你租一個一千二的房子，工作會有動力嗎？這時候她有點不好意思，開始反思。她說：「難怪我工作一直沒起色，每天都覺得沒有什麼希望。」

　　是的，錢是省著花了，錢也剛好夠花，然後你的目光永遠盯著剩下來的錢，想著口袋裡有夠花的錢，你哪有動力去賺錢？人都是這樣，其實是想省點功夫，所以省點錢，重點是錢能省，但努力不能省啊！**用著過時的道理，意味著，時代在日夜更新，而你卻一成不變，永遠活在過去。**

　　要是有一天你被超越了，你要記得，這不僅是必然，而且是自己一手造成的。

## ▌ 我們與過好一生的距離 2：道理常常不夠完整

聽道理與過好一生的另外一個距離是「道理的偏見」。簡單來說，就是要嘛資訊缺漏，要嘛解讀出現偏差。現代心理學研究表明，**人類大腦在面對外部世界的資訊時，有三種處理模式，分別是「刪減、扭曲、歸納」。**

什麼是刪減呢？我們大腦每秒鐘會接收到超過兩百萬條的資訊流，這些資料太過龐大，因此我們大腦會對某些資訊進行自動遮罩，這個過程就是刪減。比如你去車站接朋友，出站時人潮洶湧，所以你的注意力，會放在尋找這位朋友的外部特徵上，以便快速鎖定。這時候，你的大腦就會把與你朋友無關的資訊刪減。所以，在你身旁的小偷，正在劃開你的口袋，你卻全然不覺。

什麼是扭曲呢？扭曲就是，對外界資訊進行處理時，我們讓資訊變得符合自己的觀點和角度。舉個例子，一般老公下班後，晚上六點就會到家，但今天在沒有提前知會老婆的情況下，到了七點還沒到家。這個老婆會怎麼想呢？如果她是言情劇愛好者，她會想老公是不是出軌了？但如果她是常看新聞的人，她可能會擔心，老公是不是出意外了？老婆一肚子怨氣，正等著老公回來責怪一番，這時候家門打開，老公拿出一條項鍊，老婆才突然驚覺，原來今天是他們的結婚十周年紀念日，丈夫跑到城市的另一頭，才買回自己心儀已久的禮物。

再比如，媽媽見兒子考了一百分，就覺得兒子從來沒有那麼可愛過，甚至認為自己的兒子是愛因斯坦再世。這就是對資訊的扭曲。

那什麼是歸納呢？大腦在處理資料的時候，還有一個極為重要的功能，就是歸納，或是有人叫作一般化。比如，一個女孩談了三次戀愛，三次都被男孩甩了。於是，她得出了一個結論：天下的男人，沒

有一個是好東西。把具體的事件，放大至涵蓋所有事情，就是歸納，也俗稱「以偏概全」。

　　隨著文化的推移、歷史的發展，也在三種資訊處理模式的作用下，道理在傳承的過程中，失去了它們的本貌，要嘛被簡化，不然就被扭曲，或是被誇大，最後似是而非，我們自然對這些「道理」斷章取義，產生偏見。

　　我們願意去相信，看到的道理就是道理的全部，我們聽到的道理就是真理。可事實並非如此，這只是一種幻覺，而幻覺產生的原因，是我們懶，我們希望一勞永逸。

　　再舉個例子。你一定聽過「不想當將軍的士兵不是好士兵」。說這句話的人，正是偉大的將領拿破崙。當時為了激勵他的軍隊，發表了慷慨激昂的演講。但你只聽這句話，可能會陷入一種空想，每天想像著自己會成為將軍。但將軍不是你想當就能當的啊！

　　為什麼你會陷入錯覺和幻想？真相是，你只聽了半句。

　　我想告訴你，拿破崙的原話是「不想當將軍的士兵不是好士兵，但是當不好士兵的士兵，就一定當不成將軍。」現在資訊完整了，那怎麼解讀呢？在我看來，至少有三層意思：一、要想當將軍——做人要志存高遠；二、先當好士兵——做人也要腳踏實地；三、哪怕最後當不成將軍，最起碼也是個好士兵。

　　你讀的時候，如果只讀了半句，自然會出現偏差，因為你對這半句話的預設和理解都是錯誤的。關鍵是，你不去查一查，你怎麼知道，你聽到的一百句道理當中，是不是有九十九句，都出現了這樣的偏差呢？

　　就像愛迪生說過「天才，就是 99% 的汗水，加上 1% 的靈感。」你聽完以後很興奮，覺得發現了成功的方法，就是努力；結果你努力了很久，還是沒有成功。原因一樣，愛迪生的這句話，你也只聽了一半。你只留意前半句 99% 的汗水，但更重要的，當然還是後面那 1%

的靈感。你有沒有發現，這樣的表達，理解就完全不一樣了，它想要傳遞的資訊和精神也完全不同了。

愛迪生的意思是，1%的靈感比起 99%的努力更重要，靈感是努力的前提。你的努力需要建立在你的靈感之上，你的努力要放在你有天賦的事情上，如果沒有這一分的靈感和天賦，就是瞎努力，這樣再努力，也是枉然。

知道了斷章取義的結果後，想一想，之前你聽過的多少名言都可能是節選，你聽過多少有道理的道理，都可能有偏差？

這不禁讓我想到，那些堅持閱讀方法應為速讀和跳讀的人，他們主動放棄了資訊的完整性和自己的思考力。他們正在用實際行動，來不斷培養自己「斷章取義」和「以偏概全」的能力。

我在一開始說過，你對道理的偏見，要不是來自資訊的殘缺，就是來自理解的偏差。你想想，每天快速閱讀雖然看起來很厲害，但真相是，你看到的，是殘缺的資訊，再加上你頭腦中有限的認知，你每天理解的世界到底是怎樣的？我不敢想像。

比如，曾經有位同學讀到「腹有詩書氣自華」，就感悟到讀書很重要，且可以提升氣質。但他不知道，前面還有一句「粗繒大布裹生涯」，所以他無法領略原句要傳達的資訊是：「雖然生活中只能穿著粗衣劣布，但胸中有學問，氣質自然光彩奪人。」如果你把裡面的精髓作為成長的準則，自然可得到一條行動原則：「我不在意身上這套衣服多少錢，我只在意穿這身衣服的人（自己）值多少。」

再比如，有一個個案是一位男士信守「男兒有淚不輕彈」的原則，結果活生生把自己逼成了憂鬱症。他不知道，原來的整句話是「男兒有淚不輕彈，只因未到傷心處。」所以，他以為哭了就不是男人，有淚就憋著，最後憋出病來。但看看原句，想傳達的是什麼？它想說的是：「男人啊，只要真的傷心，還是會落淚的。」這才是符合常識和認知的，人非草木，想到那首歌唱得好啊，男人哭吧哭吧不是罪。

當然大部分道理的偏差性，除了流傳時資訊被簡化以外，更多是我們對其充滿偏見的理由。有一次，我和一位朋友閒聊，他說他從小就有一個夢想，就是當攝影師。

我問他：「你為這個夢想做過什麼嗎？」

他說：「還沒有。」

我問：「為什麼沒有呢？」

他說：「還沒準備好！」

我說：「什麼才叫準備好了呢？」

他支支吾吾說：「反正，要嘛不做，要嘛就做到最好！我覺得自己還不能做到最好，所以就乾脆不做了。」

我很訝異，心裡想，如果從來都不開始做，又怎麼能夠做到最好呢？更荒謬的是「要嘛不做，要嘛做到最好」這句話本來的重點在「做到最好」。這句話，本來是態度也是精神，它的本意是讓你立下一個做事的高標，是一個讓你行動的理由，現在卻被解讀成不行動的藉口。

所以，你看，聽過道理，離過好一生真的很遠！常常我們看透了道理已經過時，卻敗在了不完整的道理資訊上；或是保證了道理的時效和完整度，最後又敗在理解道裡的偏差。

## ▍我們與過好一生的距離 3：有效果比有道理，更重要

還記得在新東方當英語老師時，我就不斷跟學生強調：「有效果比有道理，更重要」這句話。因為平常聽到的很多話，僅僅是有道理，但實際操作起來，卻完全沒有效果。

直接舉個例子吧。我們在學英語的時候，老師總是告訴我們，練習聽力的最好時機，就是每天晚上睡覺前。所以我們上床以後，就不要聽音樂了，要抓緊這個時機，練練聽力後入睡。

這句話聽起來，非常有道理，但有沒有效果呢？

有位俄國的生理學家，叫作巴夫洛夫，他養過一條狗。他非常愛他的狗，所以每一餐，都會餵他的狗吃肉，狗每次見到肉的時候，就開始流口水。有一天，巴夫洛夫靈機一動，想做一個實驗。

第二天，他不僅帶了肉，還帶來一個鈴鐺，餵狗的同時，他會搖一下鈴鐺；第三天，他同樣餵狗吃肉時搖了一下鈴鐺；第四天、第五天都如法炮製。他堅持一個月之後，某天他沒有帶肉，只是站在狗的面前，搖了一下鈴鐺，你猜狗怎麼樣了呢？條件反射，狗就開始流口水了。

這就是著名的「巴夫洛夫的狗」實驗，也是條件反射的實驗。

所以，你覺得學校老師教的練英聽方法很有道理，於是回家開始執行。今天上床後，你決定不聽音樂了，打開四級考試的聽力，開始播放，聽了十五分鐘後，你睡著了；第二天晚上睡覺前，你繼續聽聽力，十五分鐘後，你睡著了；第三天晚上，上床後依舊聽聽力，十五分鐘後，睡著了。你就這樣苦苦堅持了半年後，到了四級考試的現場，英語聽力測驗一開始，你聽了十五分鐘會怎樣？睡著了！這就是你的「條件反射」。

你看，聽起來有道理，卻不一定有效果。永遠記住，有效果，遠比有道理，更重要。道理的最終目的，就是要產生效果、提高效率，若道理僅僅讓人感動、有共鳴，那是遠遠不夠的。

## ▌我們與過好一生的距離 4：起點和終點

道理有沒有用，能不能讓你過好這一生，歸根究柢還是得看你是否行動和使用。大多數情況下，不是道理沒用，是你沒用。當你能判斷道理有時效性，你對它的理解也沒有偏見，然後也發現了這個道理有效果，那剩下最後一步，就是使用了。這時候，你可以把道理作為行動的指標，快速地執行。如果犯錯，回頭思考，及時調整。

所以，我們講到第四個距離的時候，你需要謹記一句話：「道理是起點，而不是終點。」因為**所有的道理，只是一條資訊或一個觀點，它是改變的起點**。但很多人，把道理當成終點，所以他們聽完了就以為結束了。

這跟我們平常學習差不多，你將看書、聽課、訂閱專欄視為起點或終點，最後呈現的結果，必然不同。如果看書是終點，你看過就算了；如果是起點，你還可能會寫讀書筆記、思考內化，甚至會和朋友分享。

如果你把學習和道理視作終點，最可怕的結果是，你永遠不會健康。你忘記了，讓你成長的不是食物的量，而是食物中的營養。所以你一直吃，最後變成了飽死而無用的人。

學習永遠是「快速吃五碗，不如慢慢吃一碗」的事情。快從來不是手段，更不是目的，消化才是。請記住，**閱讀是進食，思考是咀嚼，行動是消化，「道理」亦然**。你看表面上，我們整篇都在討論「道理」和「過好一生」的關係，其實我只試圖告訴你一件事，而這件事比一萬條道理都重要，那就是思考！你思考過的道理，才能讓你過好一生；反之，不值一提。

# 急躁焦慮的時代，
## 你要不瞎學

　　你一定上過學，但不一定知道什麼是學習。

　　學是一個動詞，習是另一個動詞。學習兩個字放在一起，是為了告訴你，學習這件事，要一個動作接一個動作，一步跟著一步向前走，不知疲倦，永不止步。而不斷學習的最大意義，就是成就自己，看見世界。只有你不斷改變自己，才不會被這個世界改變。

　　在節奏越快的時代，我們更需要快速自學的本領。但請注意，不是盲目追求「快」，更不要拼命求快，而是去補強平常學習中我們容易忽略的部分。如此學習的速度，自然就快起來了。並且，不只是學習，在人生中，皆是如此。記住一句話：「不掉坑裡，就已經很快了。」如果你想一路走得比別人快，你就要知道坑在哪兒，跨過這些坑，輕易能提升學習的速度。

### 祕訣一　釐清目標再開始學

　　學什麼很重要，怎麼學也很重要，但最重要的是，為什麼要學？

　　確定學習的目標，再開始學習。請注意，這裡講的不是訂定可以量化的指標，不是要達成的數字。比如，我要背五個單字、要讀十頁書，這叫量化的學習目標，它是你檢視效果的方法，但不是你透過學習想前往的目標。我想談的，是在學習之外的「目標和動機」。

「先確定目標」簡單來說，就是問自己：「為什麼而學？學習的動機是什麼？」比如說，今天你的釐清的目標是「想學好英語」。因為你想打下扎實的英文根基，所以你開始背單字、練發音。前面是目標，後面是手段。就像我在教讀書方法的時候常提到的一句話：「如果你不帶著目標去讀書，就等於隨便讀，也就跟滑手機看影片沒有分別。」

　　人生同理，如果你沒有目標地做選擇，就相當於你沒有做過選擇。認定了目標，才開始學習，千萬別因為焦慮，就亂學一通。

　　這事在一開始，特別像開車。你想，我們撇除車技、駕齡、車本身的性能不談，客觀上來講，什麼情況下才開得最快呢？當然是有目的地的時候啊！有了目的地，車才能全速前進。如果沒有目的地，哪怕你有很好的車技和經驗，全速前進了還是在亂開。況且，沒有目的地時，能不能算是「在前進」呢？

　　看到這個地方，請你寫下一個最近的目標。請注意，千萬不要寫你的學習內容。不要管有沒有方法，不要管缺什麼，就列一個你要達成的目標，人生目標、職業目標、財富目標，或者是人際關係上的目標都可以。當確認這個是你想要的目標以後，再去想要學什麼，怎麼去學。

　　而且，沒目標的時候，都不算在學吧，頂多是玩一玩。所以，我認為，有目標的時候就是全速，沒有目標的時候等於沒有速度。一邊是一，另一邊是零，沒有中間狀態。了解之後，就不是誰比誰快的問題了，畢竟一個全速，一個沒速度，是兩個極端。所以，現在你知道了，有目標再學比沒目標就學要快。

### 祕訣二　基礎打穩再學習

　　確定目標以後，接下來，學什麼會比較快呢？答案是「客觀知識」。客觀知識是基礎，另外一個層面更是標準答案。通常我們判斷

一個人是不是很厲害、是否專業，就看兩個方面，一是他在該專業上的基礎知識是否扎實，另一個是他在本行的實際經驗和成果。

舉個例子，今天你走進診所，醫生三兩下就能判斷你是感冒還是嚴重疾病，並對症下藥、藥到病除；但如果你遇上一個庸醫，後果可能是藥到命除。

一名合格的醫生能判斷病情、開藥，是因為他積累了足夠的醫學知識和標準答案，由症狀對應到病名，由病對應用藥。要知道答案才能開藥，不知道就開不了，這個結果是直觀的、立竿見影的，這個就叫客觀知識。

你要是有同行的對手，你的取勝之道有三個層面。第一，你比他有天賦，這是第二章提過的內容；第二，你客觀基礎知識比他強；第三，你主觀經驗比他多。要是今天你暫時落後，對照一下，就明白輸在哪兒了，而不會籠統地歸因為「能力不夠」，或是可笑地誤以為「運氣不好」。

所以，如果你對某個專業、某方面感興趣，請你一開始的時候，就去建構這方面的客觀知識。這個客觀知識，能保證一件事，就是你在未來進階的學習中，不會掉到坑裡面去。因為你有了基礎，有了標準，你就會知道別人說的是真是假、是對是錯，知道站在你面前這傢伙有沒有亂說，有沒有在忽悠你，有沒有在利用你的無知，是不是想讓你交智商稅。你要警惕的是，在你不懂的時候，只要對方聽起來有道理，你就會覺得他是對的。

我覺得，在閒暇之時，多瞭解關於健康、財產和安全方面的客觀知識是必要的。特別是女生，可以學習一下逃生技能和防身術。我們可以單純地相信人，但不能相信世上只有單純的人，有備無患。順便一提，客觀知識的最好來源是大學教材、專業領域的通俗讀物、科普

節目，還有美國大學公開課。

　　總結一下，什麼叫做快？我們現在是不是也重新定義了呢？快，就是不掉坑裡。

　　按照經驗，你從零開始學一個東西，哪怕是跟一個老師學，你還是不時會掉到洞中。但如果你已經知道坑有哪些，你就可以輕輕跳過。不掉坑的人，比那些老掉坑裡的人快很多，

　　對吧？這也是我寫這本書的最大目的啊，少走彎路，少掉坑裡。這是第二種快。最後你想一想，運用好祕訣一和祕訣二，你是不是已經比普通人快很多了？

　　所以，我一直覺得，沒有看到這本書的同學，真會在遺憾與悔恨當中度過他的餘生，因為他根本不知道怎麼去學習，更關鍵的是，他根本不知道他學習的目的是什麼，哪怕知道了，他也不知道要學什麼。這相當於，他毫無目標地開快車，還一路掉坑裡，後果很可能是最後遇上一個大坑，讓他永遠停止。

　　你一路向目標前進，他一路掉坑裡，這不就是我們常說的，人與人之間的區別嗎？而且，他根本不知道，他現在的學習方式並不會馬上帶來回報，學習的回報永遠在後頭，它是長線的投資。再想想現在你知道的，普通人都不知道。從認知層面上，你已經快了，然後你再付諸實踐，結果就更不能同日而語，效果也根本不能等量齊觀了。

### 祕訣三　調整好狀態再學習

　　最後一個「快速自學」的祕訣是學習狀態。很好理解，你狀態好的時候，學得快、理解快、吸收也快，反之則慢。

　　這個學習狀態，包含了內部狀態和外部狀態，兩者需要相結合。

　　內部狀態指的是，你今天體能充足、精力充沛，心情愉悅。並且

懂得調節。你要知道，同樣的東西，一個愁眉苦臉地學，一個歡天喜地地學，就是兩個效果。另外，每個人都有一個黃金的時段，比如說我自己晚上十一點到凌晨一點，是學習效率最高的狀態，所以我會選擇這段時間來吸收最重要的內容。請透過持續嘗試，找到自己的黃金時段。

而外部狀態指的是，你要學會選擇外在的環境。比如說，你坐在一個吵鬧的咖啡廳學習，跟你坐在一個山清水秀的自然環境裡學習，效果很可能是不一樣的。每個人都會有自己比較適應，或者說比較高效的環境，選擇的原則只有一個，就是能促進學習效果。

雖然有外部狀態也有內部狀態，但最重要的還是內部。不要總是強調外在的東西重要，當外在不可調節的時候，你得學會把焦點放在調整內在，也就是你的體能跟心情。因為一個更好的世界，需要從內部去尋找。當外部環境由不得我們選擇的時候，我們要用強大的精神來戰勝環境。環境能影響你的人生，但心境會決定你的人生。

從大學開始，我已經把自己鍛鍊到無論環境如何，都不會影響學習狀態。這個功勞要給我過去那位愛唱歌的室友，他每天不斷高聲嘶吼，訓練我在噪音裡的專注力，這直接導致我的創作狀態至今依然受影響。比如，在一個比較熱鬧的地方，我的創作靈感跟狀態反而更好。因為聽到噪音，我會條件反射式地調整到非常專注的狀態，這種專注更有利於我創作。

所以我並不能在極度安靜的地方發揮最高效率，如果今天我有一篇文章要寫，我就一大早抱個電腦出門，到家樓下的星巴克，門關門開，人來人往，我若無其事地坐在一旁敲字，這個時候特別專注，寫得也特別快。

說到這裡，你的學習是不是已經比別人快很多了？三個祕訣聽起來好像都跟學習方法無關，但實際上全都跟學習效果密切相關。這三

個祕訣，就是關於快速自學的客觀知識。

　　不怕不學，就怕瞎學。自學的最大祕訣就是關於學習快慢的問題，在學習開始之前，就解決了。「確定目標，掌握客觀知識，調整好狀態」再投入學習，就能贏在起跑線！

# 讓「提問和思考」
# 重新認識自己

「認識自己和認識世界的最好方式，就是提問和思考。」

我曾把這句話放在我無數個直播和講座的開頭，作為最重要的行動指標。此刻我也把它放在文章開頭和你共勉：從今天開始，把「提問」和「思考」視作人生最重要的技能。提問是思考的法門，思考是提問的靈魂，而這兩者，本身也會互相促進。

## ▍提問帶來思考，也帶來驚喜

在我過去快速成長的十年中，有兩個重要的習慣，第一個叫「睡前盤點」，第二個叫「十天小成績」。而這兩個習慣的主要的手段，就是提問。

每晚入睡前，我會花半小時檢視自己的一天。通常，我會問自己五個問題——

1. 今天我過得快樂嗎？（如果沒有，原因是什麼？）
2. 今天我學到了什麼？（如果沒有，原因是什麼？）
3. 今天我要感恩什麼？（如果沒有，原因是什麼？）
4. 今天我創造了什麼？（如果沒有，原因是什麼？）
5. 今天我做錯了什麼，要如何避免？（如果沒有，那我做對了什麼，要如何保持？）

以上的提問，從 18 歲到 28 歲一直陪伴著我。除了讓我晚上睡得更安穩，它們還會讓我思考，關於我的感受、我的收穫、我的奉獻和我的錯誤。有了這些思考，我能不斷調整和改進自己，也因此得到更好的動力。

　　同時，在成長上我對自己極為嚴格，要求自己以「十天」作為進步的單位，讓自己在十天內，要創造小成績，或有小突破。一年三百六十五天，我就會有至少三十六個成績和突破。所以每十天，我就會問自己——

　　1. 過去十天，我創造了什麼樣的成績？
　　2. 這些成績，是否與我短期目標相關？
　　3. 創造出這些成績的關鍵是什麼？
　　4. 在什麼層面或角度上，我能做得更好？
　　比如我最近十天的小成績是，寫出十五篇文章和走二十公里路。

　　我以這樣的方式，不斷向自己發問，反覆思考，激起大腦中的旋渦。這個旋渦，就像一艘快艇的螺旋槳，只要轉動起來，船就會快速前進。

　　作為心理諮詢師和催眠師，提問是我們最重要的武器。我認為，提問的最終目的是引導，引導的最終目的是思考，而思考的最終目的，就是為了發現更多的可能性。我見過很多的個案，他們想不開，想自尋短見，無非是沒能及時發現更多的可能性。

　　當你開始提問和思考，你就開始重新認識世界，同時，你也重新認識了自己。甚至有時候，好的提問，還能給你帶來驚喜。

　　二〇一七年我到日本，拜訪了日本著名的商業暢銷作家神田老師，同行的還有幾位作家朋友。神田老師日程很滿，他邀請我們到他位於東京的寫作空間，陪我們用了晚餐。席間，老師跟我們說：「差

不多了，如果需要的話，每個人問個問題，就結束今天的聚會吧。」有位女作家問：「神田老師，你怎麼看待愛情？」有位男作家問：「神田老師，你怎麼看待中日兩國的關係？」

沒想到身為作家，這兩人問的問題會如此空泛，又那麼缺乏思考，神田老師顯得有點失望，但還是耐心地一一做了回答。

到我問的時候，我整理了一下思緒才說：「神田老師，我們知道您在日本已經寫過七十多本書了，而且每本書都十分受歡迎，是名符其實的暢銷作家。我想問的是，有很多人都在寫作，但有的人成為普通的作者，有的人卻能像您一樣，成為暢銷作家。您覺得普通作者和暢銷作家最大差別是什麼呢？或者說，成為暢銷作家的重要關鍵是什麼？」

神田老師顯然被這個問題刺激到了，他有點高興，坐直了身體，邊比畫邊說：「你這個問題提得非常好。我的答案是，第四本書。因為有很多人，寫完三本書，就再也寫不出來，最後就銷聲匿跡了。」

我恍然大悟。臨走的時候，神田老師走進書房，拿出一本書遞給我，只見書的封面有點發黃，感覺是本很久以前的書。神田老師說：「這就是我人生中的第四本書，也是唯一一本臺灣有譯本的書，現在我把這本書送給你，祝願你在不久的將來，也成為一名暢銷作家。」我接過書，又驚又喜，淚流滿面。手捧著這份珍貴的禮物，細細翻看，驚訝地發現，書的出版時間到現在，剛好二十年。

老師在書上留下了一行字 "Trust yourself. Trust the universe."（相信自己，相信宇宙。）這就是思考和提問帶給我的禮物。從現在起，把「提問」貫穿到你個人成長的過程中，並把「思考」當成習慣吧！最後，你會得到驚喜的。

# ▍直搗根本的「五個 WHY」深度思考法

我常被學生問，該怎樣才能進行深度思考？我的答案只有兩個字「追問」。因為追問除了有助於思考，還能幫你找到問題的根本。

一位企業家受邀參觀火箭研究基地，火箭專家問他：「你知道，為什麼火箭的直徑都是 3.35 公尺嗎？」

見多識廣的企業家說：「因為火箭要用火車運輸，而火車涵洞的寬度，決定了火箭的直徑。」

專家又問：「那火車涵洞的高度，又由什麼決定呢？」

企業家想了想，說：「鐵軌的寬度？」

專家繼續問：「那鐵軌的寬度，又由什麼決定呢？」

企業家想了一會兒，「摸了摸頭，說：這個還真不知道。」

專家接著說：「鐵軌的寬度，沿襲了電車軌道的寬度；而電車軌道的寬度，沿襲了馬車車軌的間距；馬車車軌的間距，接近兩匹馬屁股的寬度。也就是說，火箭的直徑，是由馬屁股的寬度而決定的。」

深度思考，意味著多想一層，多走一步，或者，多開拓一個視角。勇於追問，能在原有的問題上，深入挖掘幾層，多往前走幾步，並豐富觀看角度，最終找到問題的根本。

有時候，追問很簡單，就是「多問幾個為什麼」。

你知道，「為什麼」是提問的一種方式，但你可能不知道「多問幾個為什麼」的威力。

我曾在 4A 廣告公司[12]上班，專門負責寫文案，對接的客戶都非常挑剔，要求相當嚴格。那時候，我就學到了一個找到問題根本的技

---

12 4A 廣告公司：美國廣告協會的簡稱，全名為 American Association of Advertising Agencies。

巧，簡單說，就是「連續問五個 WHY」。

「五個 WHY」的方法，是日本發明家豐田佐吉最早提出的，他的兒子豐田喜一郎，創辦了世人所熟知的 TOYOTA（豐田汽車）公司。這個方法，也是 TOYOTA 變成世界級汽車大廠的關鍵之一。

有一次，TOYOTA 的副社長大野耐一到生產線上視察，發現機器停轉了。

於是他問工人：「為什麼機器停了？」

工人回答：「因為機器超載，保險絲燒斷了。」

他接著問了第二個問題：「為什麼機器會超載？」

工人說：「因為軸承的潤滑油不夠。」

第三個問題：「為什麼潤滑油不夠？」

工人回答：「因為潤滑泵失靈了。」

第四個問題：「為什麼潤滑泵會失靈？」

回答：「因為它的輪軸磨損了。」

第五個問題：「為什麼輪軸會磨損？」

回答：「因為雜質跑到裡面去了。」

透過連續問出五個 WHY，可以節省時間直接找出問題的核心。而不是急著解決表面的問題，反而讓本來的問題，衍生出更多問題。

我再舉個身邊的例子。之前有個學生找我諮詢，他說想提升自己的能力，卻又找不到提升的動力。

於是我問他：「為什麼想要提升自己的能力？」

他說：「因為想要在工作上有更好的成績。」

我繼續問：「那為什麼想要在工作上有更好的成績？」

他說：「因為想要增加收入。」

我問：「為什麼想要增加收入？」

他回答：「因為有更多機會去做想做的事情，買想買的東西。」

我接著問：「那為什麼想要去做想做的事，買想買的東西？」

他說：「因為可以提升生活品質。」

我問：「那為什麼想要更好的生活品質？」

他說：「因為可以給自己或家人帶來幸福和快樂。」

經由連續問「為什麼」，便能發現問題的根本原因。而這個原因越深入，越直達內心，越能激發出你想要做那件事情的動力，你也越渴望達成那個目標，自然而然，目標也更容易達成。

所以，如果你在工作上遇到問題，在生活的方方面面碰上困難，不妨多問幾個為什麼。找出問題背後的問題，幫助你的大腦去尋找根本原因，洞悉別人沒有發現的問題。習慣不斷提問後，你也養成獨立的深度思考力了。

## ▎從底限瞭解需求，從需求瞭解自己

想瞭解一個人，就要瞭解他的需求；瞭解他的需求，你等於瞭解了他。認識自己，也是同樣的道理。

有次和朋友王姐喝下午茶，她歎了口氣：「唉，現在找一個理想的對象，真不容易啊，其實我的要求也不高。」

我很好奇，問她：「你理想的對象，有什麼要求呢？」

她說：「一定要善良。」看到她的表情，我知道她沒動腦就給出了第一反應。我接著問了一個問題，她的大腦就慢慢啟動了。

我問：「妳指的善良，是什麼意思？」

她臉上閃過一絲慌張，彷彿在說：「善良就是善良啊，還能有什麼意思？」

最後她勉為其難地講出她的要求：「沒有不良嗜好。」

我繼續問，她指的不良嗜好是哪些，她回應說：「不抽菸，不喝酒，不講髒話。」

我應酬式地說：「哦！原來如此！」

原來她這麼辛苦才「想」出來的條件，範圍還是這麼大。

我再問她：「除了這些，妳還有什麼要求呢？」

她已經開始用腦了，說：「只要有一份正當的職業，懂得疼我就夠了。」

我故意挑戰她的底限，問：「這樣的男人太多了！如果他在工地裡搬磚，除了回家時滿身臭汗，沒有菸味也沒有酒氣、講話不粗魯、很愛你、很疼你，這樣可以嗎？」

她急了，說：「搬磚的工人當然不可以！」

我說：「妳自己說的啊！搬磚也是正當職業啊！」

討論下去，她才慢慢說出來，她理想的對象，月收入要人民幣兩萬以上。為了試探她另一個底限，我再問：「如果他很斯文，薪水也符合妳的要求，但他長得像史瑞克，你能接受嗎？」

她氣堵在嘴裡出不來：「你…你……不！不！不！」

因為我不斷追問，她才陸續說出內心真正的需求。這位女性朋友，現在能說出自己的理想型。對方要文質彬彬、有高尚的職業、談吐斯文、不菸不酒不賭不毒不嫖、孝順父母、照顧兄妹，最重要的是夠愛她疼她。

之前她找不到自己想要的伴侶，是因為，她根本不知道自己想要的是什麼。原因是，她從未探知自己的底限。這裡的底限，就是知道自己不要什麼。當你知道自己不要什麼的時候，也就知道自己想要什麼了。

**透過提問瞭解底限，透過底限瞭解需求，再透過需求瞭解自己；**而更重要的是，**這個過程，就是思考**。提問幫你更好地瞭解自己，思考幫你更好地認識世界。不斷提問，不斷追問，多問幾個為什麼，從今天開始，就開始行動吧。你很快會發現，自己會快速提高思考的素質，而你的人生也會因此和別人不一樣。

# 無知也沒關係！
# 從零開始的認知升級法

　　「學習」這件事，要用什麼方法、採取哪種策略，取決於你處的階段。過去十年，我都走在個人成長的高速公路，而讓我對學習這件事完全開竅的，是下面這一幅圖。

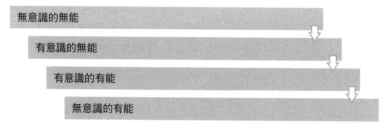

（養成不抱怨能力的四個階段）

　　第一次看見這個概念，是在二〇〇九年。這本書我至今難忘，叫作《不抱怨的世界》。作者在書中用這張圖，來解釋一個人從抱怨到不抱怨，到底要經歷什麼階段。同樣，學習一個理論乃至一門學科，要從零到知道，從知道到做到。認知要升級，這四個階段，也是必經之路。

　　我再把這幾個階段用白話的解釋一下，

　　Step 1　無意識的無能——不知道自己不知道（或以為自己知道）。

　　Step 2　有意識的無能——知道自己不知道，但還是做不到。

Step 3　有意識的有能——能做到了，但是要刻意和專注才能做到，不然打回原形。

Step 4　無意識的有能——變成真正的能力，能自然發揮；手中無劍，心中有劍。

影響學習效果最大的原因，除了我們之前提到的三個祕訣「確定目標，掌握客觀知識，調整好狀態」，以及對事物的投入程度以外，很重要的就是這四個階段。而想談認知升級的四個階段，是要告訴你「學習的方法」，是由「學習的階段」決定的。

你要做什麼，取決於你在哪兒。

先說說最重要的觀點，學習的最終目的，一定是達到 Step 4「無意識的有能」，渾然天成。舉個例子，比如說你學開車，不可能學到 Step 3 就上路了，如果你拐彎的時候，還要先想先打燈還是先打方向盤？每做一個動作，都得想一下才做，那多危險啊！這時候，「上路」上的恐怕就不是馬路了。

再比如，飛行員開飛機的時候，他最後狀態肯定要達到「無意識的有能」，雖然大部分時間都是自動導航控制，但是降落還是得手動啊，如果飛行員不把流程自動化，用本能反應操作的話，恐怕大家都臉著地了。

現在，我要用一個更簡單的例子，讓你明白一次完整的學習，是如何經歷這四個階段。好比你現在要學習一個新科目，學完後要參加一場考試。這樣的學習過程，是如何經歷四個階段的呢？

**第一階段 無意識的無能** 你做一道題的時候，既做不對，也不知道自己錯在哪，更不清楚自己需要掌握什麼能力才能處理這題，這時處於無意識，也無能的狀態，是最初始的學習階段。

**第二階段 有意識的無能** 當老師或是身旁的學霸講解了，你知道

哪裡要調整，但去做了另一道類似的題，還是做不對。現在是知錯不能改，有意識的無能。

**第三階段 有意識的有能** 你開始學習一些解題的技巧和方法，不斷練習。最後慢慢地能做對了，但這個時候技巧還不熟練，解題仍有點吃力，不過總算能做對了。

**第四階段 無意識的有能** 此時無招勝有招，你不需要刻意想方法，自然就解出答案。做對了，也不一定知道是怎麼做對的。往後碰上類似的題目，你也能輕鬆應對，彷彿這是你的本能。

知道了認知升級需要四個階段，最大的好處是，你知道學習這件事，不用急，也急不來。它需要循序漸進，有的放矢，如此，你對學習有了正確的認知，自然就能放下那些無用的焦慮。

我一開始運用這四個階段自學，後來又用同樣的方式輔導學生，我發現四階段的精華之處在於，每個階段，都有一個核心的方法。所以，你要關注的不僅是自己現在處於哪個階段，還要留心從這個階段，跨越到下一階段，最快的策略和方法是什麼？

我用學習英語發音 "th" 來舉例，由於中文裡沒有咬舌尖的音，所以 90% 的學生都發不好這個音。

**第一階段 無意識的無能** 你不知道這個音怎麼發，發來發去都發不對，也不知道自己錯在哪兒。直到有一個人跳出來，告訴你，你不對，正確的發音不是這樣。他接著告訴你，這個發音聽起來是怎麼樣的。

這個時候，最好的學習策略是，一對一；最快的方法是，專人指路。專人的角色類似於健身房的私人教練，作用是一對一及時糾正。

**第二階段 有意識的無能** 有了及時的糾正後，你變得有意識了，能知道自己錯了，也掌握發這個音的所有技巧，但你還是發不出

來。即便告訴你正確的發音，還是做不到。

　　這是最容易放棄的階段。這時，離「有能」還差什麼呢？因為自己一個人練習比較枯燥，且得不到回饋、無法修正，容易半途而廢，所以你還需要融入大家都在做的環境，一方面能帶動你，另一方面可以互相幫助，獲得及時回饋。

　　老師在課堂上，做了示範，循循誘導，告訴你舌頭該放什麼位置，發音的感覺怎麼樣，氣是從鼻子出來還是從嘴巴裡面出來。這個時候按照老師說的，和同班同學一起練習，你按圖索驥，邊練邊思考每一個發音的動作，最後也能發出相似的音了。

　　這時候最好的策略是，去報名上課，找一群學習的夥伴一起搞定；最快的方法是，結伴前行。


　　**第三階段 有意識的有能**　透過前面兩個階段，你已經知道正確的發音，也知道發音的所有方法技巧了。每次發音前只要注意嘴形、舌頭的動作，你就能發出這個音，雖然不那麼自然，雖然有點生硬，但還是發出來了。

　　要到下一階段，現在就不太需要什麼老師同學了，唯一需要的是大量的重複，大量的練習，直至習慣成自然，練成本能。

　　這是決定你是普通人還是高手的階段，普通人能做到，高手能做好！所以，最好的策略是，相信和堅持；最快的方法是，自我訓練。這時候，用上我們前面提到的提高投入度的方法吧！


　　**第四階段 無意識的有能**　自己埋頭苦幹，一週內反覆練了幾千遍，最後這個音發得和美國人一樣自然了。不用想舌頭怎麼咬，就能若無其事地發出"th"的發音。

　　最後總結一下，最快跨越階段的方式：從第一階段到第二階段，專人指路；從第二階段到第三階段，結伴同行；從第三階段到第四階段，自我訓練。

你對照一下，正在進行學習的你，現在處於哪一個階段，你就會清楚該選用哪種方法，放大、提高成效了。說白了，三種跨越的方式為「諮詢、加入社群、自己練」。需要強調的是，階段之間只可以一步一個腳印跨越，不能跳躍。

這跟小學老師教的「課前預習、課中學習、課後複習」在本質上，有異曲同工之妙啊。所以，你也會理解為什麼學校老師最愛用一種學習策略──「題海戰術」。

但為什麼大多數情況下「題海戰術」不管用呢？如果我們已經知道升級的四個階段，就會知道它不僅僅是階段，同時也是一個衡量方法管不管用的標準。

平常我們只會傻傻地討論，這個題海戰術好還是不好，但是我們根本都沒有定一個標準。現在你輕易就能理解「題海戰術，本質上就是自我重複」，若要發揮最佳效果，得建立在第三階段「有意識的有能」這個基礎上，這時只要大量的練習，反覆做模擬題，會把你推上第四個階段。但如果你還在「無意識的無能」或「有意識的無能」的階段，題海戰術基本上無效。

舉個例子，在你處於未知的時候，也就是你對事物沒有基本認知，無論怎麼練習、反覆千百回都不會有效果！比如，我請你現在回去練習聽力，每天聽兩小時的俄語，連續聽三個月，你刻苦努力的做到了，但你能弄懂這個音檔裡的俄語是什麼意思嗎？肯定不懂啊！因為你本來就不懂俄語，你不會因為聽得多，就突然懂了。

所以我很怕一些同學，每天大量地讀英語，為什麼？因為如果他的發音是錯的，每一天他做的事情，本質上都是在重複錯誤、鞏固錯誤。在這種情況下，大量練習、題海戰術毫無意義。它是一種無效重複，讓人每天都在努力與正確的方向背道而馳。

認知升級的四個階段，給我們的啟示是「**任何的方法都有前提**」，這個前提可能是你的階段，或是你的目標。而任何一種學習，到了最後，其實都是自學。

記得之前有同學抱怨：「老師，你教了我背單字的方法，為什麼我還是背不下來啊？」我心想：「那肯定的啊，大哥，我能教你背，但不能替你背啊。」

你可以借助別人的力量，但不能只依賴別人的幫助。請記住，學習，永遠是一件以自我為中心的事，你要對自己負起責任，扎實地為自己增長見識和知識，再活用學到的見識和知識，才能變成真正的力量。

任何人都需要認清自己，踏實前行，平靜努力。最後再把所有的努力，變為實力。如果你不為自己的認知升級買單，就會為自己的錯誤買單。你說呢？

# 深度自學三遍法，
# 你也能建立獨特觀點

　　這章開始前，我想問你，上次讀完一整本書，是什麼時候？

　　也許你會想，讀完一本書，有什麼難的？這是我平常就會做的事啊。但是怎樣才算讀完呢？從頭到尾過一遍嗎？或許你沒有明白，你做每一件事情，能不能產出成果、發揮效果，不在於你有沒有做這件事，也不在於你有沒有做完這件事，而在於你做這件事的投入度。投入度越高，效果越好。

　　最好的舉例，就是談戀愛。你看在戀愛中，付出很少的人，通常就不太珍惜；而在失戀時，感到更受傷的，也總是投入更多的一方。這也是異地戀通常不太容易成功的原因，不是兩人不夠相愛，而是兩人投入度太低。

　　試想一下，兩個人在同一個城市、同一個學校，甚至同一個班級，見面相對容易。而見面的好處是，情侶之間，可以親親，可以抱抱，可以舉高高。這個時候，有心靈接觸、眼神接觸、肢體接觸，投入度非常高。但異地戀，除了不容易見面，還幾乎沒有肢體上的碰觸，唯一的交流可能是手機上的文字、聲音和畫面。但甜言蜜語，都比不上一次牽手或擁抱來得真實。

　　曾聽說過一個讓人「悲喜交加」的故事。故事很簡單，簡單到只

有三句話「男孩與女孩異地戀。三年裡，男孩寫了七百封信給女孩。最後，女生嫁給了郵差。」男孩雖然很投入、很認真，也很努力，但在感情這件事上，投入度顯然不如每天能見面的郵差。

你看一本書的態度是像翻雜誌帶過，還是逐字細讀？這基本上就是兩種投入度，所以讀完以後，也是兩種效果。現在改變一下開篇的問題，更有價值的提問是「你多久沒有仔細讀完一本書了？」

比起我們平常娛樂性地閱讀或看電影，現在想讓各位明白如何設立投入度的標準，做到建設性地閱讀、看電影。

每個人的自我建設方式不同，我相信慢就是快，少就是多。今天我把我自己實踐十年並不斷優化的方法毫無保留地教給你，你可以用這個方法來精讀一本書、細看一部電影，讓自己在學習新事物的效果最大化。我管這個方法叫作「深度學習三遍法」。

三遍法，顧名思義，就是進行至少三遍。一本書，讀三遍；一部電影，看三遍。但值得注意的是，並不是單純的機械式重複三遍，這三遍的學習細節完全不一樣。

以下，我們以看一本小說為例。

## ▍第一遍，像平常一樣享受閱讀或電影

這一遍的主要學習目的是觀賞和興趣。

你可以用觀眾的角度，去欣賞故事情節的跌宕起伏，感受人物之間的對話，展開想像，腦補畫面，得到精神上的快感。

其實這就是我們每個人最平常的閱讀或觀影方式「看完一遍，放到一邊」。一路走馬看花下來，留下的通常只剩情緒和感受，沒能真正學到什麼，更別說運用學到的了。

當然你也可以翻一下書，然後安慰自己「今天已經學習過了」，最後周而復始地陷入這種自我麻痺的循環中。或者最起碼，嘗試一

次，開始進行第二遍！

## ▍第二遍，掌握作品想傳達的觀點

如何把握呢？最簡單的方式就是「提問」。在第二次閱讀的時候，我會問自己以下幾個問題，並帶著問題和思考閱讀。

- 作者提到的哪些觀點（哪些方面）是我已經知道的？
- 作者提到的哪些觀點（哪些方面）是我不知道的？
- 作者哪些觀點我特別認同？關於這些觀點我有過什麼經驗？
- 作者哪些觀點我不太認同？為什麼？
- 作者提到的觀點，對我有什麼啟發？
- 作者是怎麼引導出這些觀點的呢？
- 對於作者闡述的主題，我還能補充什麼？

我會邊看邊思考這些問題，在書的空白處筆記，想法多的時候會貼上一到兩張便條紙。簡而言之，第一遍閱讀文章看的純粹是內容，第二遍讀的時候要特別留意觀點。因為，你對觀點的認知力，直接決定了你閱讀的層次。

有一次，我在上海看了一部話劇，孟京輝的代表作《我愛×××》。結束後從隨人群一同離場，聽到大家對作品的各種評論。

有人說，我覺得整部劇下來，是要表達三個觀點……

有人說，我覺得我印象最深刻的一句臺詞是……

還有一個人說，我覺得舞臺右邊第二個男演員很帥。

你看，高下立見，不是嗎？一直以來，我對閱讀的主張是：「比內容更重要的，是觀點。」因為好內容總是不缺，缺的是好觀點。其實看戲也是，聽課亦然。提問即覺察，請帶著以上的問題去閱讀，帶著觀察和思考來生活吧！

## ▌第三遍，戲精模式 ON，轉換觀看角度

我們把能夠瞭解對方立場和需求、能站在他人角度思考的人，稱為有同理心的人。我開始在想，這種同理心，是否也能用在欣賞作品上呢？答案是肯定的。

在大多數的情況下，我們閱讀的時候，採用的是讀者視角。在前兩遍閱讀時，我們也是以讀者的角度去觀賞和領悟。第三遍，我們就轉換新的觀看角度，看看有什麼新發現，那就是創作者視角。

你可以打開你的戲精模式，轉換視角，不再扮演讀者，轉而扮演作者打開戲精模式的最佳方法，就是假設，透過假設，你會得到一個全新的角度；而這個角度，將會帶你走進一個全新的世界。用作者的角度去看作者，我們從這一點出發，繼續提問——

・假如我是作者，我為什麼要這樣寫？
・假如我是作者，我為什麼這樣佈局？
・假如我是作者，我為什麼有這樣的觀察？
・假如我是作者，我為什麼會用這個詞表達，而不是另一個？

如果你學會以這樣的角度去觀察、思考，你會發現，你的思維和原作者的思維慢慢重疊，然後逐漸擁有對作品的同理心，也必然會對作品有更深一層的理解。

為什麼要換角度呢？因為哪怕是同一個魔術，從觀眾角度看，和在魔術師角度看，是完全不同的。觀眾更專注於撲朔迷離，而魔術師會更關注如何創造出驚喜。

所以，現在無論看小說，還是看電影，隨著情節的推進，我常會想「通常情節到這裡會有一個大反轉」如果我是編劇或作者，我會把這個轉折安排在哪裡呢？幾次嘗試以後，我開始能猜中一些劇情，也對於看電影和閱讀帶來全新的體驗。

你習慣的角度會讓你產生惰性，光是換一個角度，就能讓你成長

了。換角度能讓你看到同一件事物的不同面貌。看到不同，這不就是最好的學習嗎？

## ▋ 突破限制，最後的兩個方法

前三點就是我每天都在使用的深度學習三遍法。當然，如果你對自己有更高的要求，還可以更進一步。更進一步的第一種方法，是舉一反三，你要善於把深度學習三遍法套用到其他的學習上。

為了讓你更容易「舉一反三」，我先總結一下三遍法的本質。第一遍，看內容；第二遍，看觀點（重點）；第三遍，換角度（角色）。比如，看美劇學英語，怎樣用三遍法呢？第一遍，看內容，就像平常看劇一樣看一次；第二遍，看觀點或重點，邊看邊摘錄重點的英文詞句；第三遍，換角度或角色，邊看邊暫停，把自己從觀眾切換為演員，把臺詞模仿著說出來。

又假設在網路上一堂課，要怎樣運用三遍法呢？第一遍，看內容，就像平日在課堂裡聽課，把課程從頭到尾聽一遍；第二遍，看觀點或重點，把老師所說的重要觀點、內容重點，還有重點的原則和標準摘抄成筆記；第三遍，換角色，把自己從學生變成老師，找一個朋友，將你聽到的內容和重點教他一遍。最好的學習方法就是教。

深度學習三遍法在任何領域的學習上，都普遍適用。但更重要的是，不拘泥形式，領會精神，突破三遍本身的舒適區，才能不斷把自己向前推進。所以，更進一步的第二個方法，是繼續增加次數。

增加重複的次數，永遠是提高投入度的捷徑。

記得之前在新東方講課，一個學生加了我微信。有一天，一大早他訊息給我，內容寫著「老師，masculine（男性化的）這個字怎麼記？」

那天我要上十個小時的課，沒看手機，所以沒有及時回他。沒想

到這個學生是個急性子，他就把這個問題，連續給我發了三十多遍。晚上我回到家，拿出手機，準備回覆他。這時候，又收到他的訊息說「老師，不用回答了，我已經記住了！」

所以，下次你說你沒記住，說你沒學會，別急，你可能只是重複的次數不夠而已。

當然，當你看一本書的時候，重複不僅僅意味著單調重複。隨著遍數增加，還有增強你的學習目的，關鍵在於你要爭取每一遍，都能學到不同的東西。

那年我第一次讀了李尚龍的新作《刺》，最後把這部作品讀了五遍。每一遍看的點都不一樣，收穫也大不相同。

第一遍，我猶如在觀看驚心動魄的電影。第二遍，我冷靜下來，開始注意到精彩的人物塑造，每個人物都帶戲出場，個性鮮明，做出了符合各自人性的選擇，最後決定了各自的命運。第三遍，我得到的是故事帶來的思考和啟發。第四遍，我轉換角度，注意到別出心裁的謀篇佈局，明線暗線，矛盾衝突。第五遍，我繼續看修辭，看到的是遊刃有餘的筆力、到位的類比、生動的比喻、節奏感明快的措辭，把暴力的氣質表現得淋漓盡致。

最後，我還把看到的這些，寫成了一篇五千多字的讀書筆記，與我的粉絲分享。其實這已經是第六遍了。

投入度，追根究柢，是一個你願不願意做的問題。就像我會把三遍變成六遍，最大化自己的學習效果。持續提高投入度，讓你的深度自學能力，成為你無可替代的競爭力。

記我一句口訣：「**把你原來學習的終點，變為學習的起點。**」認知是起跑線，執行是過程，只有認知正確，馬上執行，才能獲得最終勝利。現在就來實踐一下深度學習三遍法吧！第一次嘗試，乾脆就從我的這本書開始！

# Notes

歡迎寫下這個章節帶給你的反思、體悟或靈感！

# Part 4

**治好拖延症，突破舒適圈**

# 逆襲不難！
# 只要掌握每天兩小時

現在很流行的一個理論，下班後的生活，決定了你的一生。理論的大致描述是，你每天上班八小時，睡覺八小時，所以會剩下八小時。只要利用好這每天「空閒的八小時」，你就會有不一樣的人生。

聽上去確實有點道理，然而，這只是一個理想化的狀態。

因為每天剩下的八小時，最起碼，你要吃喝拉撒、和朋友聊天、要陪伴家人，還要處理生活中的瑣事。所以，現實是，每天並不會剩下八小時。

討論這個理論的關鍵在於，每個人一天的精力、意志力和注意力都有限，對大多數人而言，上班的時間已經耗掉大部分。哪怕真有八小時，多數人並無法在這段時間裡保持專注和效率，創造出所謂另一種可能。所以，請記住，決定你人生的，根本不是下班後的八小時，也沒有八小時那麼多。

我透過實踐和觀察得到的結論是，只要每天能保證高度專注兩小時，就能實現不同的人生。

為什麼是兩小時，而不是八小時？除了上面的分析外，專注八小時的壞處至少有兩個，一是沒有緊迫感，當你以為自己有八小時，相對寬裕的時間就容易遊手好閒，直到事情拖到最後一刻才去完成；二是任務難度過大，你覺得八小時太長了，便容易胡思亂想，產生畏難

情緒，最終半途而廢。

**與其擁有鬆散的八小時，不如高效專注兩小時。**

當然，這兩小時可以安排在下班後，也可以安排在上班前，甚至你覺得更適合自己的話，可以安排在中午。但是，無論你安排在什麼時段，請注意三個重點。一、必須是完整的兩小時；二、這兩小時，必須獨處，不被打擾；三、在這兩小時裡，保證調整好自己的狀態，投入最大的精神，將專注力全部釋放。簡而言之，這是一天之中，你可以完全自主、高度掌控的兩小時。

我曾向我的一位學生提出這樣的建議。

他馬上抱怨：「老師，可是下班後回到家會很累啊！」

我不以為然，說：「所以呢？」

他說：「所以我只想放鬆，只想看電視。」

我試圖啟發他，於是問：「如果不看電視，你會做什麼呢？」

他眼睛突然發出光芒：「那當然是約朋友打遊戲啊！」

我相信這是大部分人的想法和疑慮。及時行樂沒有錯，但請記住我說的「只要你願意，你總能為自己做出更明智的選擇。」

兩小時，你可以選擇看一部電影，可以躺在床上看影片，甚至可以在窗臺上發呆；但同時，你也可以選擇看一本書、寫一篇文章、到健身房跑步，做一些真正能建設自身的事情。

弱者只看眼前，而生活中真正的強者，總是利用眼前，來成就遠方。他們會選擇現在多一點痛苦，來換取將來多一點快樂；他們會犧牲掉此刻的些許舒適感，來換取未來更多的成就感。因為他們明白，現在是誰不重要，重要的是要成為誰。

**很多時候，你不會選擇，只是因為你沒有看到選項；你沒有發展**多一種可能，只是因為你沒看到下一個可能。因為，你根本無法知道自己不知道的，直到有一個人告訴你，這沒問題，你可以。

所以，可能你還不知道兩小時意味什麼？能達成什麼？每天高度專注的兩小時，可以創造出什麼可能？確實，乍看之下，一天的兩小時微不足道，但可別忘了世界上最平凡卻最有用的真理「聚沙成塔，水滴石穿」。

我來幫你算一筆帳，每天專注兩小時，堅持 365 天，就是 730 小時。所以現在你要知道的是，730 小時可以完成什麼呢？

舉個例子，一本三百頁左右的書，慢慢看完，大概是十小時；730 小時，你可以看完七十三本書。試想一下，一年多看七十本書，你的思維、你的格局、你的心態、你的認知還會跟以前一樣嗎？常常有人問，怎麼去超越身邊的人？怎麼突破舒適圈？如何逆襲？這就是方法。你想想，你的同事、同學或是同齡人，上次看完七十本書是什麼時候呢？

如果你不清楚他們，想想你自己就可以了。因為在接觸到我這本書前，你可能跟他們是一樣的。這輩子，到目前為止，你自己都還沒有看完七十本書！那不問那麼多，你上次看完十本書是什麼時候呢？我最常聽到的答案是，幾年前吧。所以你就想，如果你每天能專注兩小時，一年多看七十本書，光從知識面看，能不能超越他們呢？不僅是肯定，而且是必然的！更不用說因為你看書，而得到的靈感和啟發、收穫的觀點和原則、習得的方法和能力了。

再舉個例子，假如你運用 730 小時來寫點東西呢？一個未經訓練的普通人打字，一般一小時可以輸入一千兩百字，我們就算一千字好了。730 小時，就是七十三萬字。如果你能保證高度專注，兩個小時都進行高品質的文字產出，按照現在國內十萬字左右的書，一年下來，你竟然可以寫出七本書啊。別說七本了，要是一年你能出版一本書，你超越身邊的人了嗎？當然，你還因此多了一種可能，多了一個身份，叫作者；再努力耕耘，假以時日，還可能成為作家。至少，你

找到了一個新職業的可能。

最後舉個例子，要是你用 730 小時來學語言呢？結果可能會超乎你的想像。這是我的老本行，和你分享一個最重要的數字「兩百小時」。語言學家做過實驗統計，一個人要把一門語言從零基礎學到能基本交流，大概需要兩百小時。什麼意思？說簡單點，你英語零基礎，要學到能和美國人進行生活的對話，只需要兩百小時。所以，730 小時，我們再額外用點功，滿打滿算 800 小時，一年的時間，就能把四門沒基礎的語言學到和當地人基本交流。

你能想像這是多麼性感的一件事情嗎？我用這樣的方法，在過去的十年，學會了中日英三國語言外的七國語言。那時候我還會給自己動力，只要學會一個國家的語言到能日常交流的程度，我就獎勵自己去那個國家旅遊。因為語言除了是交流的工具，還是文化的承載。無論是學習的層面，還是生活的層面，我都把它最大化了。

如果你能舉一反三，好好運用上面的提到的可能性，就能為你的人生打開一個全新的局面。你需要的，也只是每天掌握兩小時，並持續一年而已。

也許在這一年，你不需要讀到七十本書，也不需要寫七十萬字，更不需要學四門語言。你可以合理分配一下這 730 小時，每年就可以學一門語言，讀三十本書，同時寫出一本書來。

一年以後，你的朋友察覺到你的變化，你的同事對你刮目相看，覺得你真是個怪物，怎麼能做那麼多的事呢？而你心裡很清楚，你只不過是利用好每天最重要的兩小時罷了。然後他們向你討教是怎麼做到的？你就冷冷地跟他們講「天賦嘛～」。

因為如果你說每天高效產出兩小時，他們不會相信；相信了，他們也做不到。大多數人都是這樣的，聽完就算了，而你不必成為這樣

的人。

　　如果你說，閱讀、寫作、學語言都不是你想要做的，沒關係啊！
這只是舉例而已，你懂我意思、能領會精髓就好。這時候，你只需要
設立好你的目標，然後每天投入兩小時，專注地向目標邁進。

　　關鍵是，別再找藉口了！你每天就真的安排不出兩小時嗎？這個
世界上，沒有不會做，只有不想做；你不是累，而是懶。請記住，最
重要的事情只有一件，就是每天保持前進；最重要的時間只有一段，
就是每天專注的兩小時。

# 你不是懶，
# 是沒找到行動開關

拖延症，是人類的通病。

曾有一個學生，一次課後來問我：「帥老師，我有拖延症，怎麼辦？」於是我送給了他一本書，叫作《戰勝拖延症》。結果五年後的今天，這本書他還沒有看。

拖延症的原因，要不就是人高估了自己的能力，要不就是低估了任務的難度。但重點是，你一邊後悔該做的事情遲遲未做，一邊又無意識地繼續拖延新的任務，陷入新的拖延迴圈當中，然後在遺憾和悔恨中度過餘生。

你有沒有想過能讓你更快行動的辦法呢？

試想一下，如果我們不把注意力放在問題本身，而把注意力放在解決問題的方案上，結果會不會有所不同？也就是說，我們不探究拖延症的成因，也不管在你為什麼拖延，我們只聚焦在「讓你馬上行動的辦法」。答案瞬間變得簡單，就是「找到你的行動開關」。

## ▎行動開關 1：充分的理由

記得剛當英語老師那會兒，每逢聚會都有朋友問我：「教教我吧，怎麼學好英語呢？」

這時候，我總會反問他們：「你們為什麼要學英語呢？」聽到我

的反問，有人會陷入沉思，有人會說沒想過；而我聽到最多的一個答案是「我不知道，就是興趣吧！」其實，這就是沒有學好英語的直接原因「你不知道為什麼要學，你也不知道為什麼而學。」

所以，義務教育的九年，你沒學好英語；所以，到了每年年底，都會有一堆人抱怨「哎呀，今年又沒有好好學英語。」然後，你問他，新的一年有什麼目標嗎？他會目光如炬地告訴你：「我一定要學好英語！」你不要相信他，也不要相信自己，你要相信事實。事實是，新的一年，他還是一樣，周而復始，惡性循環。

其實，學英語並不難，難的是開始學英語，更難的是，找到開始的理由。請注意，理由不是目標，它是你發自內心、真正想去做這件事情的動機。每次想到這個理由，你都會心如鹿撞。

比如，我持續了快十年的早起。有同學會問，為什麼老師能那麼早起床？我的理由很簡單，我不敢晚起，萬一明天我出名了怎麼辦？我希望我自己第一個知道。理由可以很簡單，但一定要有。而足夠好的理由，一個就夠。有一位同學跟我說：「我的目標就是要成為有錢人，帥老師，你能教我怎麼變有錢嗎？」我反問他：「為什麼你要成為有錢人呢？」他啞口無言。

現在發達的社會，迅速的網路時代，不缺賺錢的機會，更不缺賺錢的方法，人往往缺的是一個強烈的動機、一個持續做下去的理由。所以更需要思考的是：「成為有錢人，對我來說，有什麼重要的意義？」「為什麼我要非有錢不可？」

請記住，做一件事情的時候，Why 比 How，來得更重要。你可以沒有方法，因為方法可以學，但你不能沒有動機。

為什麼做，永遠比怎麼做更重要。你不知道為什麼選擇，相當於你沒做選擇；你不知道為什麼學，相當於沒有學；你不知道為什麼做，相當於你從未做過。因為你沒有篩選，沒有思考，也沒有衡量。

常說自律給你自由，錯了！自律不會給你自由，有理由的自律，才會給你最終的自由。無論生活、學習，還是感情，有一個真理「始亂終棄」。莫名其妙地開始，必將毫無理由地離棄。

所以，開始之前，先找到你的理由。因為花出去的時間，就像潑出去的水，很有可能，你沒有第二次機會開始了。

## ▍行動開關 2：獨特的觸發因子

當我思考自己的行動模式、分析自己行動力在什麼情況下最強時，我驚訝地發現，每個人的行動，都有其獨特的開關。這個開關可能是某種環境、某個人、某樣物件，甚至是某道儀式，我把它叫作觸發因子。簡單地說，就是觸發你採取行動的最關鍵因素。

創作，是公認最容易拖延的事。我們每個人，或多或少，都有輸出困難症，比如週一時你要寫一篇文章，通常寫完的時間，已經週五，因為不到最後一刻，你絕不動筆。我就以此為例，來講講如何透過你自己獨特的觸發因數，來提高你的執行力。

我讀過一本書，叫做《創作者的日常生活》。書中記載了近四百年來，世界上最偉大的 161 位創作者的日常。書中提到的人物，不僅僅有作家，畫家、音樂家，甚至還有物理學家、思想家、政治家，包括我們熟悉的愛因斯坦、馬克思等。

這本書給了我很多啟發。花了兩個晚上，我把書讀完，發現這些偉大的創作者每天的生活中，都有三個最主要的共同點「早起工作、散步、創作前小癖好」。創作者們有小癖好並不稀奇，重點是，這些小癖好，就是他們的觸發因子，是他們創作力和行動力的開關。

比如，村上春樹每天凌晨四點就起床，然後會連續寫作五小時，一直到早上九點結束，剩下時間都用來陪伴家人。在接受《巴黎評

Part 4・治好拖延症，突破舒適圈

論》採訪時，村上先生說：「這樣的重複很重要，因為它本身就是一種催眠。」每天四點起床，是一種儀式感，這是村上先生的靈感和創作的觸發因子。

無獨有偶，美國最著名的科幻作史蒂芬・金（Stephen King），每天早上五點起床，花一小時構思，剩下四小時寫作，造就了他數量驚人的作品。再比如，英國詩人奧登（W. H. Auden）每天早上會吸一劑苯丙胺，才開始創作；家喻戶曉的弗蘭西斯・培根（Francis Bacon），每天至少要暴飲暴食兩頓、喝完一瓶紅酒，才能開始創作；哲學家西蒙・波娃，（Simone de Beauvoir）則是要拜訪一位朋友、一起喝完茶，回家才會動筆。

另外，音樂家貝多芬（Ludwig van Beethoven），每天早上會精心調配咖啡，每次用 60 顆咖啡豆，而且他還會一顆顆地數，在喝完兩杯咖啡後，他才坐在鋼琴前創作。班傑明・富蘭克林（Benjamin Franklin），喜歡洗「空氣浴」，讓自己赤裸著身體沐浴在陽光中。還有一位作家，喜歡養寵物，但他的寵物不太一樣，他在自家後院，養了三百隻蝸牛，每次寫作前，他都要先去看看這些可愛的寶貝。

類似的例子，不勝枚舉。一百位創作者，就有一百個小癖好。但小癖好，帶來了行動力。

看完這些偉大的例子，我也開始按圖索驥，尋找自己的小癖好，當作觸發因子。我驚奇地發現，在兩種情況下，我會高度專注、行動力極強。一是被注視，二是喝檸檬紅茶，如果兩者疊加交乘，效果更佳。大多數人喜歡在安靜的環境下創作，我就相反。我喜歡在咖啡廳、餐廳這樣的環境寫作，原因是會有被注視的感覺。另外，我喜歡喝檸檬紅茶，喝完後總是心情舒暢，靈感爆發。你根本無法想像，我坐在喧鬧的茶餐廳裡，喝一口紅茶，然後奮筆疾書的那種創作靈感和行動力。

觸發因子的本質，就是待在你喜歡的環境，先完成一件你喜歡的

事，作為開始。接下來那件相對沒那麼喜歡但又很重要的事，想停也停不下來。

找到自己開關的人，全世界都會為他讓路。最後，請思考：

・你有哪些行動觸發因子？
・哪一個觸發因子，在任何情況下都能激發你的行動力？
・你喜歡什麼樣的環境？
・有某些人物、事物或食物，能促發你行動嗎？

## ▌行動開關 3：想像力

看完前面兩個開關，你可能會產生疑問：萬一我沒有找到足夠好的理由和動力，又暫時沒有發現自己的獨特的觸發因子時，卻有一件事情需要我完成，而我無法啟動，怎麼辦？

答案當然是別擔心，你現在的辦法是用你的想像力，打開你的行動力。在過去幾年的線上直播課中，我反覆強調一個觀念，「人與動物間最顯著的區別，就是人有想像力，而動物沒有」人能想像，動物不能。

如果今天你的口頭禪，或者你的信念是「想都不敢想」，那你可能不是人。而且我們常說「想像一下未來」，世界的運作正是如此，我們經由想像來創造未來，透過假設來創造世界，通過「沒有」來創造「有」。

《祕密》這本書中有一個最重要的觀點，「你想什麼，就會吸引什麼。」換句話說，世界就是你想像的樣子。一件事情需要實現，它首先得出現在你頭腦中，然後才會在現實中呈現，再到最後真正的實現。行動力，也是同樣的道理。

具體如何操作？記住我的一個方法，「樹立你的行動力偶像」。只要通過想像，這些行動力偶像就能發揮力量。

我有很多行動力偶像，幫助我全方位、多角度地提升執行力。比如，我最近開始健身，做重量訓練，練得手腳發麻，肩膀酸痛，眼看要放棄最後一組了；這時候，我就調用想像力，我再也不是我自己，我想著，我是麥可·喬丹（Michael Jordan），喬丹會不會放棄？不會。於是我咬牙完成了最後幾下。

有時候，遇上未知的挑戰，本能反應要逃跑。我就會啟動我的想像，我不再是我自己，我想像我是《復仇者聯盟》裡的美國隊長，他是一位戰士，他充滿力量。我會想，如果我是美國隊長，我會怎麼做？瞬間，我獲得了勇氣，繼續前進。

這是我的第一本書，對我來說不算容易，因為比起寫作，我更習慣演講。每當我察覺我要怠慢的時候，我又打開我的想像力，我想像我是我的好友 Scalers[13]，我見過最勤奮、最專注的作家。於是，我拋棄了幻想，繼續埋頭苦幹。

這就是用想像力打開行動力。工作非常專注的時候，你會忘我；但當你去想像你是你的偶像時，你會無我。無我是最好的狀態，因為當你沒有自己，就沒有憂慮，也沒有恐懼。

如果你找不到行動力偶像，找個假想敵吧！想像在同一個領域，你有一個對手，他也在前進，這時候你連原地踏步都是後退。這種適度的恐懼和焦慮，反而能讓你奮勇向前。

有沒有發現，恐懼不只有壞處，只要運用得當，也能產生力量。從另一個角度看，這也是想像的力量。

## ▍行動開關 4：負面情緒

我們通常害怕自己的負面情緒，因為一旦有了負面情緒，我們容

---

13 Scalers：《行動複利》一書作者，為中國的暢銷書作家。

易身陷其中，難以自拔。所以，看到第四個開關，你或許會好奇，更可能難以理解，為什麼負面情緒能帶來行動力？

　　直接舉例。我特別愛看美國的英雄片，片裡的英雄，有各式各樣的特異功能，憑著這些超能力，他們打怪獸、救地球。但你有沒有注意到，這些超級英雄的超能力，是在什麼時候發揮出來的呢？或者說，在什麼時候能最大發揮呢？

　　我看過一百多部電視劇和電影，發現無一例外，主角發揮出超能力的時候，正是危急存亡、千鈞一髮的時候。準確地講，就是他們的情緒，達到極限狀態的時候。比如說非常恐懼、非常難受，或者非常生氣的時候，你看漫威電影裡的浩克，在很生氣的時候，身體就會變大，最後變成綠巨人。

　　生活中也有很多這樣的時刻，比如說你被老闆罵了，氣一下吐不出來，你突然感覺充滿力量想打人；再比如說，你失戀了，傷心欲絕，你化悲憤為食量，點了一桌子菜，並通通吃光，食量暴增好幾倍；甚至是，你擠捷運、塞公車，擠到煩躁了，下車的時候，你竟然發揮出了想像不到的力氣，殺出重圍。

　　無論是打人、吃東西，還是逃跑，在極端的情緒下，你或多或少都能發揮出平常沒發現的潛力。更重要的是，這個時候，你的專注度特別高，行動力也特別強。

　　如果你覺得擠捷運還不能激發你的鬥志，你可以試試公車，特別是上下班尖峰時刻的公車。你能練習長跑、短跑、自由搏擊，搏擊完了以後，你會突然發現自己的力量。

　　生命就是這樣，你不想要的生活，帶給你想要的人生；你不想要的脾氣，帶給你想要的動力。

　　所以下一次，當負面情緒出現時，先別顧著生氣，也先別顧著悲

Part 4・治好拖延症，突破舒適圈

185

傷，做點事情，你會發現，效率比平時都高，這就是消極情緒的積極力量。所以，別再把注意力放在情緒的好壞上面了，無論是好情緒，還是壞情緒，只要你能利用都是有幫助的。

　　珍惜好每一個情緒，利用好每一次失落、憤怒和彷徨，你會因此擁有一個雙倍效率、雙倍行動力的人生。因為，別人只能在積極情緒的狀態下奮勇向前，你卻還能在消極的負面情緒下一路高歌。

　　這也提供我們另一種看待生命中「壞事」的視角，沒有絕對的壞，只有相對的好。你要開始學會，注意壞事中的好事，同時也警惕好事中的壞事。

　　那你能不能善用這些「壞」呢？這些所謂的「壞」都是一個信號，比如說，你生病了，看起來是壞事，實際上是好事。這個病是要提醒你，該停一停了，再用身體就會垮掉。正如你成長中的錯誤和痛苦，有的人會逃避，但面對的時候，偏偏能讓你最快成長。原因是，讓你痛苦的事情，雖然以一種讓你不舒服，甚至不快樂的方式呈現，但事實上它正在給你一個「現在該改變了」的信號。而這種改變，往往很簡單，就是「開始行動」。

　　如果你今天真找不到動力，但你感到憤怒，那就是非常好的動力。所以下次憤怒出現了，不重要，害怕出現了，也不重要，你要去觀察一下，感受一下，這些憤怒和害怕，是否同時帶來一些好影響？

　　無論是行動力、學習力，抑或是人際關係，每一件事情，都有它的開關。只要找對開關，按下按鈕，就能迅速啟動，馬上執行。所以，別等了，現在就開始吧！請記住，一切的不著急，都會變成來不及。現在，就先從「找到你的行動開關」開始吧！

# 培養好習慣太難？
# 用原子習慣獲得成就感

## ▌堅持 vs 保持

　　我常被問：「老師，這十年來，你是怎麼堅持的？怎麼堅持早起，怎麼堅持閱讀？」

　　我的回答總是多少有點讓人失望：「對不起，我沒有堅持。」

　　就像你去問宿舍裡那位每天打十二的小時遊戲的同學：「你是怎麼堅持的？」他會用異樣的目光看著你：「我沒有堅持啊！你說什麼呢！快來開一局吧！」

　　我每天看五小時書，跟每天打十二小時遊戲的同學，其實是一樣的。我早起，跟你不早起，其實是一樣的。我們都沒有在堅持。唯一的不一樣是，我們的選擇不一樣。

　　而且，我不僅沒有堅持，我所認識的絕大多數成績斐然的人，也沒有在堅持。我驚訝地發現，在我們的世界裡，根本沒有「堅持」兩個字。他們每天健身、每天寫作、每天學外語，就像有人每天喝酒、每天打遊戲、每天看美劇。

　　**你常常無法堅持，正是因為你在堅持**。因為當人們說「堅持」的時候，通常是表達態度，而不是描述行動，比如「我要堅持到底」，它表達的是一種決心。但語言影響潛意識，潛意識最終影響行動。因

此，我不喜歡用「堅持」，因為堅持的潛臺詞是「痛苦」，如果你在「堅持」後面加上一件事，很大程度上，那件事情對你來說是痛苦的；而痛苦，就註定了你從不開始，或是半途而廢。

如果今天有個人告訴你「他堅持做一件事二十年」，這多半是假的。原因是，如果他真的在堅持，會因為痛苦而無法持續不那麼久；換一個角度，如果他真的持續了二十年，證明就不是堅持，而是習慣了。想一想，你有堅持過刷牙嗎？你有堅持過睡覺嗎？只不過是習慣成自然罷了。

所以，我更傾向用「保持」。保持做一件事情，保持一個結果，聽上去是不是輕鬆多了？你要問「堅持」和「保持」的區別是什麼？我說兩句話，你感受一下：「我堅持學習」、「我保持好成績」。保持，更多是一種習慣成自然的從容。

說到這裡，有人會問：「那我要怎麼養成一個習慣呢？是堅持二十一天嗎？」

多年實踐證明，養成一個新習慣，並不需要二十一天。二十一天並不是養成習慣的充分必要條件。尤其是那些做起來讓你痛苦的事情，無論給你多少個二十一天，你都幾乎不可能養成習慣。

就好像很多人問我，怎麼養成早起的習慣？我會反問：「你們有早睡的習慣嗎？」他們會異口同聲說：「沒有」。試想一下，早睡這麼舒服，都養不成習慣，更何況是讓你痛苦的早起呢？

## 建立微小成就感

傳統的習慣養成法起不了作用，我開始思考，真正建立習慣的有效方式是什麼？

我問自己，為什麼我們養成壞習慣這麼簡單，培養好習慣卻那麼難？我們有沒有辦法，用養成壞習慣的方式，來養成好習慣呢？

於是，我分析了一些壞習慣，比如賴床、吃零食、發呆、拖延等。我發現它們都有一個共性，那就是「舒適」。更準確地說，就是不做比做要更舒適。表面上，這個人是懶，但實際上，他待在目前的狀態中，會讓他感覺更舒適，這就是他的舒適圈。

如果這個人**要開始做一件事，他需要動機、動力**；如果他要完成一件事，他需要不認輸、不放棄，但如果他要持續做一件事情呢？這時候，他就需要一個開關，**這個開關得符合大腦的運作機制。這個開關，就是舒適，甚至是快樂。**

舒適、快樂，就是每個人的頭腦所認為的最高利益。

這個開關，也是酒癮、菸癮等癮症形成的根本原因。看看影視作品或生活中，這些抽煙的人，他們的表情是怎樣的呢？是不是欲仙欲死？所以，我們可以提高一個維度來思考，「能不能用形成癮症的方式，來養成一個好習慣呢？」

答案是肯定的，方法也出乎意料地簡單，就是「只要每天進步一點點」。

但請注意，很多人對「每天進步一點點」這句話有誤解。你得清楚，這句話的重點不是「進步」，而是「每天」和「一點點」。因為長遠的進步，在短時間之內是看不出來的。

如果你要對一件事情上癮，每天一點點的真正含義就變成了，「你要學會每天創造一點點快樂。」所以，如果你希望自己進步，這個進步也必須是讓你快樂的進步。具體要做什麼呢？我創造了一個詞，叫「微小成就感」。你每天要做的事，就是為自己建立微小的成就感。

很多人都喜歡設立大目標，因為這樣看起來很厲害，但實際上沒有任何的意義。對大多數人而言，一個足夠大的目標，只能讓你興奮一小會兒，隨即你會被巨大的任務量嚇退，從而放棄。

有一天，我在朋友圈看到有人立了個「每天更新一篇三千字的文章」的標籤，我笑而不語，但礙於好奇我追蹤了一下，發現這位朋友，一共堅持了兩天，然後停止了更新。從立志要養成習慣到放棄，還不到一周。

　　所以，如果你有一個目標、一個任務需要完成，在一開始，別忘了降低任務難度，把目標切成「原子般」的微小階段！但多小才是微小呢？「微小」的標準是什麼？就是我們剛總結的「舒適」。

　　選擇讓你舒服的任務量，是最好的開始；然後你不費太大力氣完成任務，也有了成就感，這時候，你會感到無比快樂。養成好習慣，就是螞蟻搬家，一次一件事，每次一點點。


　　我有一位個案諮詢的學生笑笑，她是成功的企業家。她問我：「帥老師，最近我想養成一個寫作的習慣，你有什麼建議嗎？」

　　我跟她說：「那就從今天開始，每天寫一千字吧！」

　　她面露難色：「太多了吧！我怕有時候太忙，沒有辦法持續，怎麼辦？」

　　我說：「那就每天寫五百字，如何？」

　　她有點為難：「五百字還是有點太多了！」

　　我說：「那每天寫兩百字，選擇你最擅長的內容，每天寫一條你做企業管理的心得和體會。」

　　她表情終於放鬆下來，有點高興地說：「這個可以！我試著做一下！」我說：「太棒了，記住關鍵是開始和保持。等你寫習慣了，再慢慢加字數。」


　　**你創造微小成就，微小成就創造持續的快樂，而持續的快樂，創造習慣。**

　　最近，我也在用自己的理論，開始幫助自己運動了。起初，跑五公里我覺得太累太苦，我就跑四公里；四公里還是有困難，我就跑三

公里；三公里還是會氣喘吁吁，那就兩公里。我太久沒運動了，所以決定從一公里開始。

　　寫文章的這裡，是我保持每天跑一公里的第一百零五天。為了足夠的運動量，跑完一公里，我還會額外在社區花園散步三十分鐘。一百零五天，每天一公里外加三十分鐘，客觀來看運動量並不多，但總比不開始好，比什麼都不做要強。

　　而且我養成這個習慣，並不是為了讓別人看，讓別人覺得我厲害，而是要為了讓我自己舒服，讓自己健康。關鍵不在這裡，目光要長遠，想像一下，如果這個小習慣保持十年、二十年呢？

　　**人一輩子，其實就要學會兩件事「如何開始、如何持續」**。如何開始，上一篇告訴你了，要找到你的行動開關；如何持續，就是本篇最重要的內容「建立微小成就感，然後無痛感地加量。」

　　要做成一件事情或養成一個習慣，請記住「種一棵樹最好的時機是十年前，其次是現在。」避免你沒有 get 到重點，我翻譯一下，這句話的意義用八個字總結，就是「馬上開始，一直保持」。

## ▍那些你不感興趣，卻必須堅持做的事

　　為自己建立微小的成就感，不僅能讓你輕鬆養成習慣，它還能幫你有效解決另外一個問題。

　　很多同學曾經問我：「老師，如果我對一件事情沒興趣，而這件事又必須做，我該如何堅持呢？」大家又落入了另一個迷思，認為興趣是完成一件事的關鍵。但請記住，成就感永遠比興趣更重要，特別是微小成就感。

　　為什麼呢？因為在絕大多數時候，一個人不會無緣無故對一件事情產生濃烈的興趣。感興趣，可能是因為有天賦。一般的「興趣」就比較容易有，但它不是真正的興趣，可以理解為「好奇心」。好奇心

是三分鐘熱度，興趣相對長期穩定。所以除了那些天生的屈指可數的興趣外，真正的興趣，也要通過微小成就感的不斷累積，才能產生。

　　舉背單字的例子吧。我相信，絕大多數人都對背單字沒有興趣。你天生就對背單字有興趣的話，可能是對語言天賦異稟。

　　那在你對背單字沒興趣的情況下，怎麼堅持背單字呢？很顯然，通過四、六級，或考研究所的目標，動力是不夠的。你要學會，逐步積累微小成就感。你沒必要每天背一百個單字，相信我，你是背不下來的，如果背得下來你早背了。

　　我們就從一個開始，比如，今天你安排背一個單字，一個背下來了，很高興；明天開始安排背兩個，也背下來了，很高興；第三天開始安排背五個，都背下來了，繼續高興。

　　初步的成就感，就這樣累積起來了。你會持續地有小成就，持續地感到很高興，一般這樣循序漸進，增加到每天三十個單字就差不多了。到那個時候，你的成就感，就已經累積到能真正對背單字這件事「感興趣」了。

　　請記住，感興趣的事情未必有成就，有成就的事情必定感興趣。

　　其實這個世界上，沒有所謂的堅持，也沒有所謂的興趣，只有微小成就感的建立。一輩子很長，**與其痛苦地堅持，不如快樂地保持；與其痛苦地養成好習慣，不如快樂地建立成就感**。就從現在開始吧！

# 讀越多越好？
# 破解閱讀迷思

來說說讀書的方法和常見的迷思。

方法說得最少，因為讀書本身就是讀書的方法；迷思說得最多，因為不是方法不夠好，只是常常被誤導。最終這些迷思，阻礙了方法的實現。

讀書的方法其實只有一個，就是「逐字逐句認真讀」。原因很簡單，寫書的人是逐字逐句認真寫的。如果你不這麼讀，很難談得上有什麼收穫。如果你把一本書，按照這樣的方法，不放過每一個字，多讀幾遍，你還會驚喜地發現，每一遍都有不同的收穫。

你容易忽略的一點是，如此讀書，不僅能收穫知識，而且磨練心志、鍛鍊耐力。長期慢讀練出來的心志和耐力，受用餘生。

有的朋友急功近利，尋求「一眼讀一面」的讀書方法，或更速讀的辦法。我認為除非有一天，人類發明了一種可以一次寫一面的寫書方法，屆時一眼讀一面的閱讀法，才會奏效。否則，還是該按照一字一句的方法來讀。書是怎麼寫出來的，就該怎麼讀下去。可現實的情況就是，讀書的人認真讀書，不願認真讀書的人找各種讀書方法。

過幾年，你會發現，踏實努力的人都會有所回報，投機取巧的人多數都被「聰明」誤。最後，他們會發現他們錯了，然後從頭開始踏實努力。

### 第一個迷思：讀書要求快

前些天，有位同學問：「老師，快速閱讀有沒有用？」

我的答案是：「目前對我來說，沒有用。」因為我有很多很多的時間，所以不需要快；我也不用看很多很多的書，因為來不及實踐和運用。學有所成這件事，從來都不是你看了多少本書，而是你能把一本書看得有多深。當你意識到這一點，你就知道，書不用看這麼多；不用看得多，自然也不用看得快。對你來說，不能說完全沒有用，但你要想明白，閱讀難道就是為了追求快嗎？快速，只不過是閱讀的其中一種方法罷了。很多時候，你就是太焦慮、太急功近利了，包括閱讀。我的建議還是維持原狀，多花點時間，認真細讀，盡力吸收，大量行動。

讀書這件事和減肥類似，減肥有兩大類方法，一慢一快。

A 方法，每天少吃一點，並走路或跑步一小時，合理作息，一年兩年慢慢就瘦下來了。這個方法的缺點是慢，優點是毫無技術可言，只需要一點決心和堅持，另一個潛藏的最大的優點，是不容易復胖。

B 方法，吃減肥藥，喝減肥茶，一個禮拜狂瘦十公斤，或是抽脂一下瘦三十公斤。這個方法的優點是快，缺點是對身體造成傷害，還有另一個潛藏的缺點是，極容易反彈。

慢和快的方法，實現的方式不同，路徑不同，所達到的目的也不同。你會選擇 A，還是選擇 B？選擇的標準，得看你的減肥目的了。你若要快速瘦下來，是臨時需要好看一點，會選 B。但如果你為的是長期的身體健康，或者不再進一步傷害身體，我相信你會選 A。目的決定目標，目標決定方向，方向決定方法。

如果你的目標是最終收穫身體的健康，但又選擇了 B，我會覺得你智力不太正常。畢竟，誰會用一種現在就傷害自己的方法，來換取未來的健康呢？這就不是選擇健康和不健康了，這是在選擇馬上死還是晚點死。讀書與此同理。

你讀書的目的是什麼呢？和這個目的相對的目標、方向、方法又是什麼？這需要誠實面對自己，理智地面對現實，然後做充分思考。

　　英國大文豪培根在他的隨筆集裡說「讀書足以怡情，足以博彩，足以長才。」你是為了自己開心，博得喝彩，還是增長才幹呢？不同的閱讀目的，指向了不同的閱讀目標。

　　我把讀書的目標，劃分為幾個層次，一為獲取，二為理解，三為感受，四為運用。大多數情況下，快速閱讀能幫你做到第一個層次，就是獲取資訊，這甚至是「快速閱讀」的根本目的。

　　但如果你沒有完全掌握其內容，這樣的「快速閱讀」，實質上對獲取資訊的完整性，是有巨大傷害的，你在人為地「斷章取義」。這樣一來，快速閱讀能帶給你的，就只有一種「你好像在讀」的快感。更不用說要達到後面的層次了。

　　從另一方面看，目前你能看到，對身體所有「快」的調節方式，幾乎都對身體有害。學習方法和讀書方法異曲同工，以前說守身如玉，現在要學會守腦如玉。

　　我覺得**真正的「快」只有一種**，就是你長期保持閱讀習慣，比如每天都讀一到兩小時的書，然後持續十年，書讀得多了，熟能生巧，自然就快起來了。有沒有發現，**這樣的快是有基礎支撐的，所以不會減損資訊、影響理解，更不會妨礙思考。**

　　而幾節課學來的快速閱讀，能改變什麼呢？很可能什麼都改變不了，因為你的閱讀速度，其實是你的閱讀習慣，你用幾節課來改變一個二十年來養成的習慣，可能嗎？如果效果有那麼好，口碑應該不錯，它的傳播的更廣，可現實中為什麼沒有呢？

　　話說回來，改變不了習慣，也改變不了速度，至少可以改變焦慮的感覺。

　　你要記住，從來都是如此，慢速閱讀解決的是學習的問題，快速

閱讀解決的是貪心的問題。而貪多求快，偏偏是學習成長中的大忌。

如果你再理智一點，你會發現，閱讀只有一種，就是逐字閱讀，哪有什麼慢速快速之分？閱讀本身的定義，就包含了「慢慢來」，而所謂的「快速閱讀」，只不過是「眼睛保健操」。

而「快」的最大陷阱是，材料越熟悉，速度必然越快。但這個速度，與你閱讀的客觀速度無關，卻與你對內容的熟悉程度緊密相關。常讀工具書籍的你，讀小說就會慢一點；常讀中文書籍的你，讀英文書籍就會慢一點。所以，你很少碰小說，也很少用英文進行閱讀，因為陌生的東西看起來不爽，熟的爽；閱讀起來慢的不爽，快的爽。導致的結果是，越熟悉的就越快，越快就越爽快，越爽快你就越要讀。

但是，你有沒有想過，如果閱讀都是讀你自己想讀的、讀你自己熟悉的素材，甚至讀你自己喜歡讀的，那閱讀和學習的意義到底是什麼呢？維持快感嗎？確實，據統計，大多數人在快速閱讀時，都會有一種速度與激情的感覺，讀完後更是神清氣爽。但讀完後，請你靜下心來問問自己，你真的有什麼收穫嗎？

你每天看自己愛看的東西，學自己已經懂的東西，這又算哪門子的學習呢？**你以為你在突破認知，其實你是在鞏固偏見。**

### 第二個迷思：有價值的書會讓大腦興奮

我聽過一種荒謬至極的說法「一本書的價值，在於這本書的觀點能不能讓大腦感到興奮。」我不知道說這話的是誰，但我相信說話的人，說的是自己真實經歷和感受。這樣的感受，極可能是說話者對閱讀經驗的缺乏，以及因此產生的偏見認知。

重點是「讓大腦感到興奮」是一句廢話，它不具備可操作性，為什麼？我粗略地想了幾個理由。

第一，「大腦感到興奮」可能來自肢體動作的改變，它是一種假興奮。比如，你去跑步，心跳加速時頭腦就會興奮。類似的，當你快

速閱讀，眼睛轉動加快，帶來一些肢體上的緊張感，你也會感到興奮。這是肢體引起的興奮，不是書中內容引起的興奮，但問題是，這兩種興奮要怎麼區分呢？

第二，「大腦感到興奮」可能來自認知的盲區，這是另外一種假興奮。簡單地說，就是沒有見過世面的人，見到什麼都是世面，看見什麼都會興奮，典型的少見多怪。假設一個人從來沒有接收過資訊，頭腦一片空白，你給他遞一本繪本、漫畫，他也興奮老半天。突然想起了孩童時第一次看繪本、第一次看漫畫書、第一次坐雲霄飛車、第一次去動物園的感覺。頭腦興奮吧？興奮！這時候，書是特別有價值的嗎？不過是我們無知罷了。

第三，是最關鍵的一點，怎麼確定「大腦感到興奮」呢？這種興奮要怎麼被量化呢？我怎麼知道大腦是興奮，還是不興奮呢？是純粹的自我感覺嗎？還是說我讀書的時候頭上還得戴一個腦波儀，時時刻刻地注意到腦波的起伏，從而判斷哪裡是我的興奮點，然後劃分重點做筆記嗎？

而且，就像我們以上的分析，熟悉的內容讓我產生興奮，類似的內容讓我產生共鳴，陌生或有難度的內容讓人不興奮也不產生共鳴，但這反而才是該去讀、才是讓你成長最快的。

如果要我來說，**與其讀一些強烈認同的、讓頭腦興奮的內容，還不如讀一些讓我強烈不認同的、讓頭腦不興奮的內容，因為這裡面往往有我欠缺的知識，能修正無知偏見的觀點，或完全不瞭解的領域。**你懂我的意思吧？因為我見都沒見過，所以連共鳴都無法產生。

對我而言，讀書的最大目的是提前獲得智慧，解釋我對這個世界的認知。這就意味著，實現這個目的的過程，我需要汲取更多本來不存在我頭腦中，也不在我知識系統中的知識，來拓寬我認知的邊界，不然只能越活越狹隘。也許是對自己的要求太高，我通常都感覺不到讀書的興奮，因為我知道這不是關鍵。讀書時，我更多的是品味、推

敲和思考，而這偏偏需要一顆冷靜的頭腦。但如果今天我因為閱讀有所收穫，確實能感受到一絲喜悅。

一本書的價值，跟你的大腦興奮不興奮毫無關係。因為書的價值是客觀的，而大腦的興奮是主觀的。

正如我常說的，在任何一種情況下，你都要思考，在這件事中，什麼才是真正重要的？

我認為，一本書當中，比資訊更有價值的是觀點，比觀點更有價值的是推導過程，比推導過程更有價值的是應用方法，比應用方法更有價值的是操作步驟。其中，推導過程可以簡單地理解為思考。換句話說，資訊是基礎價值，觀點是實用價值，從思考開始，才是認知升級啊。

請記住我一句話「**你能用篤定的自信來面對未來，就能用平常的心態面對現在。**」

如果你相信自己總會出頭的，慢慢學、慢慢讀又有什麼關係呢？頭腦不那麼興奮又有什麼所謂呢？反而這才是正常的。

但如果你看不到未來，看不清前路，你會焦慮；你看到別人在學而你沒有在學，你更焦慮；你看到別人學得快而你學得慢，你最焦慮。你一焦慮就會急，一急就想快。

這個時候給你任何一種「快」，你都會覺得久旱逢甘露，焦慮感迅速消除。但實質上，問題並沒有解決。

### 第三個迷思：「收集概念」情結

有位同學辯解說：「我跟著一個閱讀老師學習，老師說了，雖然書不能都看懂，也不能都明白，但快速閱讀能夠幫我們收集很多有用概念啊！」

我反問他：「難道你讀書就為了收集概念嗎？那書的主旨呢？結構呢？字詞句呢？而且，如果你去精讀文學作品，也有所謂的概念可

以收集嗎？」

　　他啞口無言。可見他只是一廂情願地相信，並未進行充分思考。

　　這位同學，就是典型的概念情結，或者說，典型的概念愛好者。他們以為概念就是書的全部，他們讀更多書的目的，就是為了掌握更多的「概念」。但按照我們剛才的分析，收集概念充其量也只是讀書目標的第一個層次，也就是收集資訊，價值是最低的。

　　我並不是說，收集概念是錯的。但如果讀一本書只是收集概念，實在是極大的浪費。如果你愛收集概念，根本不用通過讀書來實現，為什麼你不去讀字典呢？這樣會比快速閱讀更快啊！可以省下大量讀書的時間，省下大量買書的錢。你只需要讀十本各個專業領域的詞典，熟背條目，就能成為「概念大王」。

　　要是你的搜尋技巧好一點，連字典都不用買，直接用網路更快。只需要打開「維基百科」，各種先進概念，應有盡有，免費取閱，只需要動動手指頭。隨手能查到的東西，又何苦辛辛苦苦去讀呢？

　　你有這三種迷思嗎？想讀得快一點，想讓頭腦興奮，想儘量收集概念。如果有的話，是為什麼呢？是誰向你送了蜜糖，又是誰向你灌了迷湯？

　　我常在我的社群裡說，我們是業餘傳播正能量，教你一點經驗及個人成長的策略與方法，但別人是全職散播焦慮搞偽科學啊。讀書哪有那麼多方法，就一個「逐字逐句認真讀」。

　　腳踏實地的閱讀好比吃飯，飯要一口一口吃，菜要一口一口消化；投機取巧的閱讀好比吃水果，光吃水果只能有飽足感，那是一種「我已經飽了」的錯覺，實際上會造成營養不良。

　　這就不難理解，為什麼現在雜七雜八的閱讀法都用蔬果命名了？像什麼洋蔥閱讀法，說白了，這些閱讀法被創立出來，目的只有一個，叫「割韭菜」（忽悠無知的人）。聽說，韭菜要割三次，你看是

不是「聽閱讀法的課第一次，看閱讀法的書第二次，參加閱讀法的讀書會第三次。」

　　蔬果閱讀法乍聽感覺挺健康，壞處是長期下來會營養不良。更壞一點，貧血頭暈。最壞的情況是厭食症，從此無法吃飯，活活餓死。這就是為什麼現在很多接受了蔬果閱讀法教育的人，出現了「不能看書，只能聽書」的後遺症。

　　而對某些人而言，他們的學習能力，就只剩閱讀能力了。本來他也可以憑藉閱讀能力逐漸提高，拔地而起，最後實現逆襲。結果有人居心不良，連這最後僅剩的長處，也要割走，實在可憐！

　　讀書和不讀書的人，其實區別很明顯了吧？**讀書人相信自己，不讀書的人相信方法。**正如，優秀的人相信一步一個腳印，而其他人，卻更相信捷徑。請永遠記住，閱讀的最強技巧，就是閱讀。

# 精準努力的
# 背後

## ▎ 《魔戒》哈比村的啟示

好友天舒到紐西蘭旅行，發來一張《魔戒》電影中哈比村的照片，寫著「分享一張很厲害的照片」。我看著照片，大惑不解，因為圖片裡就是一座小房子，房門前還有一棵搶鏡的小樹。

我問天舒：「你給我分享這個幹嗎？」

天舒說：「我給你看的，就是房前的這棵樹！」

我依舊不解，我又不是沒有見過樹，繼續追問：「這樹有什麼特別嗎？」

天舒說：「這棵樹真的太讓我震撼了！」

我更疑惑了：「不就一棵棕櫚樹嗎，有什麼好震撼的呢？」

天舒來了勁，解釋說：「你看它是棕櫚樹對吧？其實不是。當時劇組拍攝哈比人，要在屋門前，擺一棵棕櫚樹。但紐西蘭當地天氣不適合棕櫚樹，壓根找不到。於是劇組想了個辦法，道具組的工作人員花了兩天兩夜的時間，找來了蘋果樹，找來了梨樹，把它們的枝幹紮起來，偽裝成棕櫚樹的枝幹，再從外地運來假棕櫚樹的葉子，插在偽裝好的枝幹上，一棵適合哈比人身高和風格的棕櫚樹，就誕生了。」

我耐心聽完，說：「這確實是個好辦法，可震撼在什麼地方呢？」

天舒有點激動，說：「你知道嗎？這棵樹，最後在兩小時的電影

裡，一共只出現兩秒。」

她說完，我也發出感歎：「對啊，相比起國內的電影製作，這真的是太用心了。」

記者曾問道具組的工作人員：「費那麼大勁，最後只出現兩秒，到底誰在意呢？」

工作人員說：「我在意。」

## ▌每秒都精準的努力

稻盛和夫在《活法》中說過：「要付出不亞於任何人的努力。」

我一直沒想明白，到底什麼是不亞於任何人的努力？指的是勞動強度嗎？還是說時間長度呢？看了對電影幕後工作人員的採訪，我恍然大悟，原來說的不是強度，也不是長度，而是精準度。一棵假的棕櫚樹，只服務電影的兩秒鐘。不亞於任何人的努力，就是比誰都精確的努力啊！

突然發現，那些對時間沒感覺的人、浪費時間的人、不斷拖延的人，只不過是無法精準掌握時間，沒從時間的精確度上下功夫。

比如，四、六級考試即將來臨，很多人開始倒數。他們是怎麼倒數的呢？離考試還有一百天，離考試還有八十天，離考試還有六十天、三十天、十天。到了最後十天，他們總是會大喊一句：「啊，來不及了！」

為什麼他們備考沒有任何的動力，也沒有任何的緊迫感？

因為他們在按「天」來倒數，精度完全不夠啊。你捫心自問，你真的有六十天、八十天、一百天來備考嗎？你準備在這些日子裡面，吃喝拉撒啥都不幹，每天二十四小時坐在那裡讀書嗎？根本不可能。

我們算一算，除去上課和其他活動的時間，你每天能安排多少小時備考呢？我猜，最多兩小時吧！

所以哪裡有一百天給你倒數？真相是，你只有兩百小時倒數，按

一天二十四小時換算，你的備考時間，實際上只有「八天七小時」。有沒有發現，這麼算的話，其實早就來不及了！

　　為什麼你的努力沒有用？為什麼認真準備還不及格？難怪不及格啊！你只有八天的時間準備。

　　古人說：「三天捕魚兩天曬網」有兩個意思，一個意思很明顯，講的是這個人一天努力，一天不努力，簡單說，他無法持續努力；不持續的努力，自然不能累積成較大的成果。另外一個意思比較隱晦，也更加可怕，那就是我們的努力，居然是按天算的。

　　所以在講課的時候，我都會叮囑同學們：「好好利用時間，算小時不算天。」當你面對要倒數的考試，面對有截止時間的任務時，可以參考這樣的時間計算方式。

　　掌握時間的精確度，就是你對生命的態度。改變了對精確度的要求，自然能改變你對時間的感知。這樣，你就重新定義了時間。

　　近幾年來，最好的商業模式，都在重新定義時間。UberEats、Foodpanda 重新定義了三十分鐘，你坐在家等一會兒，就有人送飯給你吃；〈得到〉知識付費平臺，重新定義了十分鐘，利用通勤的零碎時間你可以學習；YouTube 重新定義了五分鐘，只要有點時間不知道做什麼，你就能從影片中獲取趣味；之前在中國爆紅的付費語音問答APP〈分答〉，重新定義了六十秒，專家用一分鐘就能幫你指點迷津；而大家熟知的〈抖音〉，重新定義了十秒鐘。之前又有誰會想到，可以用十秒來錄影片、發影片呢？

　　有沒有重新定義一秒鐘的商業模式呢？我認為有，像 Tinder、Pairs 派愛族等交友軟體，就重新定義了一秒。你沒有想過吧，一秒的時間，居然有可能遇見一個心儀的陌生人。另外，Line pay、街口支付都能用 QR code 實現秒付功能，要是平常用現金和刷卡，怎麼也得一分鐘吧！

重新定義時間，說白了，就是賦予事物新的時間精確度。如果你能重新理解時間、定義時間，你的世界觀也可能因此被顛覆。

　　比如說，對於一些人，他們沒動力賺錢，那麼為什麼他們會沒動力？因為他們覺得他們賺的是月薪，或是週薪，這哪能有動力啊？

　　你說，那應該算日薪嗎？不，應該算秒薪！

　　然後你就知道，為什麼你的錢總不夠花了？因為你賺錢是按月賺的，但你花錢是按秒花的，這怎麼能夠花？花的時候是秒秒鐘花的錢，賺的時候憑什麼按月來算？

　　這樣推演下去，你會得到一個全新的金錢觀：「原來我不是賺得不夠多，而是賺得不夠快。」就像有的人賺一百萬需要一輩子，有的人需要一年，但有的人可能只需要一秒。

　　我們再倒回去看看，這一切是怎麼開始的？就是你對時間的認知發生了變化，你開始以更精確的方式來把握時間，世界也因此變得不同。所以，無論學習、工作、賺錢，只要你還在成長，「天」這個單位對你沒有太大意義。一些按「天」算的打卡活動，也是似有若無，似是而非。

　　那要怎麼做呢？很簡單，記住一句話：**「計畫要精確到時，行動精確到分，專注精確到秒。」**每秒鐘都在專注，每分鐘都在行動，每小時都知道自己在幹什麼。如此，你還會焦慮嗎？不會有了！首先你沒有時間焦慮，其次你再也不怕那些每天都嚷嚷著「我每天都在努力」的人了。他們永遠都不可能超越你，因為他們根本沒有「精確到秒的努力」。

## ▍每秒精準的本質

　　每秒都精準的本質是「精品意識」。我們來想想，是什麼決定了一件事的結果？或者說，什麼決定了結果的呈現呢？

前不久，有位同學在諮詢的時候，問了我一個問題，她說：「老師，為什麼我在工作中總犯錯？」

我聯想起自己的工作經歷，發現答案竟顯而易見，四個字「精品意識」。

她對自己的工作，沒有要求，沒有標準，沒有精品意識。

什麼是精品意識？就是有那麼一個點在那兒，你沒有做到，就不是精品。

記得剛進新東方的時候，所有新老師都要經歷一個慘無人道的磨課環節。磨課只有一個要求「不能有一字講錯，也不能有一處停頓」。講錯了怎麼辦，剛才無論你講了多久，都作廢，然後重新開始。你很難想像，二十小時的課，無一錯詞，全程順暢，是什麼品質？做到的難度又有多大？

足足磨了半年，我才達到了標準，開始了我當新東方老師的生涯。從那時開始，我清楚地知道，什麼叫精品意識。精品意識，就是零失誤、零犯錯空間。


對於剛離開學校、步入職場的新人，必須要完成一次角色和思維的轉換。你的身分不再是學生，請記住，職場的第一要務是做事，而不是學習。首要目標是做出成果，而不是有收穫。你要做到三個盡可能：「盡可能快，盡可能多想一步，盡可能不犯錯」。如果犯錯了，盡可能不犯第二次錯。別每次犯錯後就跟你主管說：「真的學到了很多！」誰讓你來學習啊？又沒交學費，還給你發薪水！

我們要找到楷模，找到努力的方向。比如，中國人民解放軍國旗護衛隊的三十六名戰士，每天要走一百個正步，一百個齊步，精準地護送國旗到達升旗的定位點。如同日出，國旗每天在天安門廣場準時升起。一九八二年以來，他們完成了兩萬五千多次零失誤的升降旗任務，國旗護衛隊戰士背後經歷的血和淚，難以想像。

無獨有偶，當年轟動一時「海爾砸冰箱」的影片，內容是廠長要

求把品質不合格的冰箱砸掉，工人們紛紛勸阻，廠長慷慨激昂地說：「從今往後，海爾的產品不再分等級了，有缺陷的產品就是廢品。」

　　主任奮力阻攔，要奪過廠長手中的錘子，廠長激動地說：「今天不砸掉這些冰箱，將來人家就會來砸我們的工廠。」最後七十六台冰箱被通通銷毀，也喚起了工人們對品質的意識。

　　同樣，如果你不收拾自己的缺點和粗糙，將自己鍛造成精品，將來你的對手就會收拾你，你的同行就會打敗你。**人生最痛，不是「我不行」，而是「我本來可以」**。要有效率意識，馬上行動；也要有精品意識，先完成，後完美。

　　精確度高的人生，立體而性感；沒有精確度的人生，只能一片模糊。既然人只活一次，你都選擇做一件事了，就做到最好吧，不要給自己留退路。

# Notes

歡迎寫下這個章節帶給你的反思、體悟或靈感！

# Part 5

## 想變「有錢、有閒」？
## 逃出「窮忙」的陷阱

# 我們對時間的
# 誤解

曾經聽過這麼一個段子——

面試者問老闆：「老闆，我時薪那麼低，能不能調一調？」

老闆說：「不低啊！」

面試者：「可是，一小時才八塊啊！」

老闆說：「你算一下，如果你一個月工作一萬小時，你月薪就有八萬了！」面試者很高興連連點頭，答應錄取通知。

你看，這就是我們對待時間的反應，不知不覺。你根本不知道一個月裡，並沒有一萬小時。我們大多數人，對時間沒概念，又因為沒概念，才導致了人對時間的種種誤解。一般人對於時間，有以下三種誤解。

### 誤解一：時間是無限的

每次講座上，我都會問現場的同學：「如果今天你能擁有一種超能力，你希望是什麼？」

花了五年的時間，我收集了近三萬個答案，讓我訝異的是，九成同學的答案都是兩個字「不死」。我們都希望自己不死，希望時間是無限的。我們會想，如果我們能擁有無限的時間，我們就可以嘗試無現多種可能，做自己想做的所有事情。

可是，你有沒有想過，今天我們依舊能感受到人生的精彩，對明

天的生活充滿期待，就是因為我們知道，我們是要死的，是因為我們知道，時間是有限的！

不信？跟我來腦補一下，一個你「不死」的場景。

假設有一天，上帝突然來到你身邊，告訴你，你永遠都不會死，你享有用之不盡的時間。你很興奮，跟朋友慶祝了一晚上，結果第二天，到了起床上班的時間，你發現自己有點睏，怎麼辦呢？

你突然想起，自己是不死的。於是你跟自己說「先睡一年吧」，結果你睡了一年，起來發現還是有點睏，你又跟自己說「再睡一年吧！」於是，你就這樣睡了一年又一年，因為你是不死的，時間對你來說完全不重要。試問，這樣的「不死」和「死了」有什麼區別呢？

生命之所以精彩，是因為生命短暫，時間有限。不管你願不願意、承不承認，我們都得面對一個事實，我們都是要死的！更重要的是，我們要學會，向死而生。

但你仔細地觀察一下，周圍有多少人，是以一種「不死」的狀態活著呢？他們肆意地揮霍著時間，比如一天睡十小時、上班發呆八小時、吃喝拉撒四小時，再朋友尬聊兩小時，最後看電視滑手機一整個晚上。他們覺得死亡離他們還很遠，彷彿自己並不會死，直到有一天死亡逼近，他們才後悔莫及。

在我社群上，最常見的一個提問是：「老師，我該如何管理時間？」我每次都會耐心回答他們時間管理的竅門，但每次得到的回饋都並不奏效。

我開始思考原因，最後發現，大家都忘記了最重要的一點。**想要合理利用時間，有個大前提，就是需要把「時間是有限」的觀念深深地植入你的大腦中。**

無限的時間，根本不需要管理，也管理不了。正因為時間有限，我們才要合理安排，好好珍惜不浪費；正因為時間有限，我們才願意

花時間在有意義的事上，陪伴值得的人，讓每件事產生最大化的效果，從而活出一個最精彩的人生。

**誤解二：時間是公平的**

我聽過很多人抱怨不公平。

在家裡因為不同的性別，受到長輩差異化的對待；在學校因為不同的成績，受到老師不一樣的照顧；在職場又因為不同的畢業學校，受到老闆的差別待遇。或者，僅僅是因為不同的發展方向、不同的選擇，接收到朋友同學不同的目光。

這樣的時候，一定會有人出來安慰你說：「不怕，時間是最公平的。」耳濡目染之下，你也會安慰自己說：「不怕，時間是公平的。」

表面上，時間是公平的，因為每個人的一天都有二十四小時。但在我看來，如果你覺得時間是絕對公平的，你就是認命了。因為實際上，時間並不公平。

你是否真的擁有二十四小時，不是看一天有沒有二十四小時，而是要看，你有沒有在每一個小時裡，都產生價值。比如說，一天二十四小時，你只工作了一小時，就產生了一小時的價值。所以你的這一天並不擁有二十四小時，你只擁有一小時，因為你浪費了其餘的二十三小時。

還記得網路上曾經有人灌過你的雞湯嗎？不用羨慕比爾·蓋茲、不用羨慕賈柏斯、不用羨慕馬雲，也不用羨慕俞敏洪[14]的成就，你忘記了一件重要的事，就是他們和你一樣，一天都只有二十四小時。

你或許能藉此稍微反思，為什麼擁有同樣的時間，他們卻擁有完全不一樣的成就和人生呢？真相是，這些站在金字塔頂端的人，一天

---

14 俞敏洪：美國 NYSE 上市公司新東方教育科技集團的創辦人兼總裁。

確實不止二十四小時。

我在上網路課程時，曾反覆強調一個觀念：「當你有錢的時候，錢買什麼最划算？答案是，買時間。」

最成功的人，都最會買時間。他們會把我們剛才說的有限時間，魔術般地延展為無限時間。而這點，就是時間最不公平之處。

我們來算一筆帳，新東方的老闆俞敏洪，他的一天，到底有多少時間？

根據公佈的資料，粗估新東方共有 3.6 萬名員工，其中老師有 1.9 萬名。這 3.6 萬名員工只要在新東方上班一天，就會不斷為新東方貢獻時間和相應的價值。假設平均每人每天工作十小時，那 3.6 萬名員工，合計三十六萬小時。從這個角度來看，俞敏洪的一天確實不止二十四小時，他的一天至少有三十六萬小時。

你能想像這種活法多麼性感嗎？一個人 20 歲開始工作，60 歲退休，他工作的時間是四十年，約為 14,600 天，按平均每天工作八到九小時計算，約為十二萬小時。一個普通人的一輩子，一共能工作十二萬小時，而俞敏洪的一天有三十六萬小時。什麼意思？

他工作一天，等於你一個人努力工作三輩子；換個角度看，他工作一天，等於三個人努力工作一輩子。你的一天是一天，他的一天是你的三輩子，多麼不公平。而且，你有沒有發現，他還透過這樣的方式，延長了他的生命。同樣活 100 歲，你只能活出 80 歲的模樣，他卻活出了 240 歲的品質。真是人比人，氣死人。

但我們做這些思考和分析，並不是為了生氣，而是為了面對和邁進。只有接受「時間不公平」這個事實，才會有改變的機會。你沒有看錯，你需要接受不公平，因為恰恰是不公平的存在，才讓我們有了抄底逆襲、重新做人的機會。

你去想像一下，如果這個世界是絕對公平的，就沒你什麼事了，有權的人永遠有權，有錢的人永遠有錢，努力無效，勤奮沒用，出身

註定一切。

時間的不公平，恰恰給了我們機會。在別人浪費時間的時候，我們可以用時間來增強認知、學習技能、改變觀念、調整策略。在別人浪費錢購買一大堆沒用的物品時，我們可以利用錢，買更多的時間給自己。

利用時間的高手，其實都是買時間的高手。用錢換時間，用時間換智慧，再用智慧換成長，用今天換明天。我們善於利用「時間的不公平」，便能輕鬆達到我們想要的。

人生就是這樣的過程，用你有的，換你沒有的；用不公平，換公平；最後，用有限，換無限。

### 誤解三：每一天，都要活得像最後一天

提到時間，最耳熟能詳又激動人心的一句話，莫過於「把生命中的每一天，活得像生命中的最後一天」了。

這句話的本意和出發點是好的，它想告訴大家要珍惜時間，可是，它的邏輯錯了。

之前在新東方，我在教四六級、考研英語課程。

有同學在課堂上問：「老師，我們到底要怎麼樣，才能把今天活得像生命中的最後一天？」我搖搖頭說：「根本沒辦法，因為今天就是今天，不是生命中的最後一天。」

在場的同學似乎對這個答案不滿意。

我突發奇想，就問大家：「假設你知道自己明天就會死去，今天就是你生命中的最後一天，那你還會做一樣的事情嗎？」

大家不解，皺緊了眉頭。

我繼續引導：「這麼說吧，今天背單字對你很重要吧，你會去背。但如果你明天就要死了，今天還會背四六級單詞嗎？」

大家笑顏逐開，異口同聲說：「當然不會！」

我總結說：「對啊！當然不會！明天都死了，今天還背什麼單字呢？趕緊找心愛的人在一起，找家人聚一聚，吃點好吃的。」

大家開始點頭，我接著說：「但你們有沒有想過，今天你們為什麼還在背單字？」

同學們搖了搖頭。

我解釋說：「因為你知道明天不會死，後天也不會死，你要很久很久以後才死。在你死之前，有一個考試叫四級，過了四級還有一個六級，過了六級還有一個考研，你心裡非常清楚，如果你不背單字，這些考試的結果就會比死還可怕！」

大家會心一笑。

確實如此，如果你把今天過成生命中的最後一天，選擇大玩一場，沒背單詞；結果第二天沒死，接著把明天當作生命中的最後一天，繼續玩、繼續沒背單字；結果第三天發現自己還沒死，所以又把後天當作生命中的最後一天，繼續玩，繼續不背單字。如此重複同樣的生活直到考試的前一天，你會真的感覺那是你「生命的最後一天」。

這就是把今天過成最後一天的後果，你不會再做那些對你生命來講很重要又很有意義的事情了，你只會及時行樂。因為比起明天的死，再重要的事都會失去意義。

今天你之所以做要做的事，是因為它對未來的某一個目標很重要，而不是對生命中的最後一天來講很重要。

把今天過成最後一天，我們就否定了自己在一天又一天生活中，許多的可能性和可變性。我們更沒有辦法，把每一天過成最後一天。我們只能把今天過成今天，因為今天，就是明天；明天總會有今天的影子，但請相信，明天總會比今天更好。

# 「有」時間很好，
# 但你會「用」時間嗎？

最近很多同學問：「老師，我看你平時挺忙碌的，但你怎麼保持每天看一本書、一部電影，或是寫一篇文章呢？我總感覺我都沒有時間。」

我之前還沒有發覺，大家這麼一問，我也開始奇怪。對啊！我每天要備課上課、鍛鍊身體、管理自己的公司、做品牌諮詢個案，在很多人看來，能完成以上的任意一項，已經是非常了不起的事。我到底是如何將上述事情做好基本的情況下，還能騰出時間，每天讀至少一本書、看一部電影、寫一篇文章呢？甚至最近一個月，我還開始邊旅遊邊學習。

我開始靜下心來，思考這幾個問題：「為什麼我有時間，你沒有？」「為什麼看似沒有時間，卻可以完成那麼多事情？」「比有沒有時間更重要的事情，到底是什麼？」

## ▎那些「有時間」的朋友

我認識很多「有時間」的朋友。

一個富二代的女性朋友，Kitty。她每天上午十一點起床，慢悠悠地給自己做一頓美美的早餐、拍照修圖，然後發朋友圈。她邊看著男人們的按讚，邊用別人吃午餐的時間把她的早餐吃完。下午出門做美

甲，和閨密逛街、看電影，晚飯前發訊息問通訊錄裡的所有男生「要一起晚飯嗎？」然後挑最快回覆的人一起吃晚餐。如此，日復一日。

另外一位朋友，Daisy，跟她在一起五年的男友狠心離棄了她。原來兩個人的生活，變成一個人的生活，每天醉生夢死。她把自己關在屋裡，睡到願意起身才甘願，打開手機叫外賣，隨便填飽肚子，繼續睡覺。實在睡不著的時候，便看幾集美劇，偶爾翻看手機裡前男友的照片，號啕大哭。這就是她的一天。

細想一下這種所謂的「有時間」和你所謂的「沒時間」。

有沒有發現，其實客觀來講，無論你處於人生的哪個階段，在什麼樣的生活狀態，每個人都擁有時間。

有沒有時間，更多的是一種感覺，甚至是一種情趣。而很多時候，所謂的「沒時間」，也不過是我們習慣性的感歎和口頭禪而已。

其實，**這不是一個「有時間」和「沒時間」的問題，這是「會不會支配時間」的問題**，最終甚至是「能支配時間」和「不能支配時間」的問題。

很多人以為「會」和「能」是一回事，簡單說，「會」代表你知道，「能」則是說你做得到。所以，這裡說的「會不會」指的是你有沒有支配時間的客觀知識，而「能不能」指的是在了解客觀知識後，你有沒有付諸實踐的主觀意願。

所以，你有沒有時間不是關鍵，你會不會用你的時間、能不能支配你有的時間才是關鍵。

我們都「有時間」，但「有」是不夠的，關鍵是「用」。人要真正成長，請記住，與其「有」，不如「用」。有才華，不用才華；有情緒，不如用情緒；同樣，有時間，不如用時間。

## ▍邁向「覺察」的第一步

我們對所謂「沒時間」的問題理解得更清晰了，再來，我們試圖解決這個問題。

往往我們嘗試解決問題的時候，總會掉進一個大坑，就是「找辦法」。但要知道，解決問題的第一步並不是想辦法，而是意識到問題的存在後，並精準地定義問題。

從小到大，我們一直接受的教育都偏重培養「找答案」的能力，久而久之，我們擁有了強大的答題能力，寫下「標準答案」的習慣，與此同時，我們卻失去了「思考問題與提問」的能力。

佛家把「意識問題，界定問題」的過程叫「覺察」，而覺察的最好方法是「自我發問」。如果你對自己夠狠，這四個字還可以改為「自我逼問」。關於你為什麼沒時間，你可以向自己提出，並誠實回答以下問題——

1. 我每天都花時間在幹嘛？（追問：最主要花在哪些地方？）
2. 每天可以把握的閒置時間有多少？（追問：這些時間我都在做什麼？）
3. 我每天浪費了多少時間？（追問：浪費在了什麼地方？）
4. 每天如何有效利用時間？（追問：怎麼保證自己一定做到？）

花十分鐘的時間，來面對自己，像看電影一樣去看自己的生活，去觀察、審視，並把你的答案寫在紙上。

我估且把我寫的這本書，當作你在聽我講課，我不希望只是我說你聽，我希望我們能交流互動，更希望你也能真正參與其中，改變一些舊有的觀念，從而改變行為和習慣，最終改變自己。

如果你已經寫好了答案，那意味著你已經在開始思考你支配時間的方式，你已經開始意識到問題，甚至察覺到問題出在什麼地方。你已經開始透過「提問」來「找答案」了。

## 如何更有效地利用時間

在時間的管理和利用上，有一個簡單而有效的標準，專業的說法，叫作第三代時間管理理論。這個理論大致說的是，按照事件的重要性和緊急性，可以列出以下座標，橫坐標表示「重要性」，縱坐標表示「緊急性」。

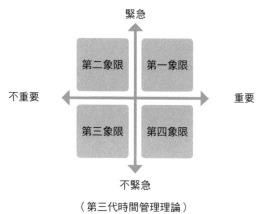

（第三代時間管理理論）

根據座標，我們可以把日常生活中經歷的事件，分為四大類，並對應四個象限——

第一象限，表示「重要」又「緊急」的事情；第二象限，表示「緊急」但「不重要」的事情；第三象限，表示「不重要」又「不緊急」的事情；第四象限，表示「重要」但「不緊急」的事情。

看到這個地方，你可先閉上眼睛一分鐘，想想在你的生活中，和這四個象限對應的事情分別是什麼？

然後關鍵來了，我想告訴你的是，座標這幅圖本身不重要，對日常生活事件的分類也不重要，重要的是你如何借助座標和分類，提出對於掌控時間更具意義的問題。換句話說，就是在時間的管理和利用

上，那個「正確的問題」是什麼？

回到剛才第二部分中的四個提問中，第一個問題是：「我每天都花時間在幹嘛？」現在加上「座標」這個相對客觀的標準，問題馬上變為——

· 每天我主要花時間在哪個象限的事情上？

· 或，每天我花最多的時間在哪個象限的事情上？

比較一下前後兩次自我發問的差別。哪一個會更精準？哪一個更能揭露本質？哪一個會讓你更容易得到「正確答案」？

過去我在實體課程中，也會問同學這個問題，你知道八成學生的答案是什麼嗎？正是「第三象限！不重要又不緊急的事情。」

得出這個答案後，他們既驚訝又彷徨。因為他們一直對自己的生活現狀毫無警覺，直到跟著我的引導，提出了上面的問題有了答案。他們才發現，難怪自己過不好、日子毫無起色、人生平庸勞碌，都是因為自己每天都在做「不重要又不緊急」的事。

那你的答案呢？你每天花最多的時間，在哪個象限的事情上？

也許你懊悔，啊，我一直在做既不重要又不緊急的事情！別害怕，最起碼後知後覺比不知不覺好，現在知道比以後知道好，這就是個很好的開始。

但你只是察覺了現狀，只有釐清問題和答案，還不足以讓你「改變」，我們得緊接著問自己，第二個也是最重要的問題——

· 如果要改變，該把每天最多的時間，用在哪個象限的事情上？

· 或你該把每天最主要的精力，放在哪個象限的事情上呢？

在課程現場，大多數同學都會脫口而出：「第一象限，重要又緊急的事情！」

但實際上，在日常生活中，非常少會遇到真正重要又緊急的事情，比如說拉肚子。如果你每天最主要的精力、最多的時間都花在拉

肚子，帥帥真心建議你，該吃藥了！

要記住，重要又緊急的事情其實少之又少，重要但不緊急的事情才是重中之重。

什麼是「重要但不緊急的事情」？這些事情通常在你人生中的某個階段，起著關鍵作用，它會影響生活、學業或事業的提升，但是從現在開始，你有充分的時間為這些事情做準備。

比如說，你是大一的學生，六級英語考試對你來說就是一件「重要但不緊急」的事情。六級成績重要，因為它可以在一定程度上，反映你在大學時期英語的水準和學習情況；它是某些大企業面試的敲門磚，它是簡歷上你與他人優秀程度相當時的救命符。但它緊急嗎？不緊急！因為你有將近兩年的時間準備。在這兩年裡面，如果你把每天最主要的精力，最多的時間，死心塌地放在考試的準備上，拿下好成績就是必然的結果。

我們換個角度思考，為什麼重要但不緊急的事情是「重中之重」？還是剛才的例子，你知道六級很重要，可是你在大一、大二時都沒有準備，直到大三要考六級前的一個月，才翻出模擬題做高強度練習，結果通常不理想。在這種情況下，因為你前兩年的不在意，就活生生地把一件本來「重要但不緊急」的事情，變成了一件「重要又緊急」的事情。

由此，我們可以得出兩個重要結論——

一是，如果你無時無刻，總是處理著「重要又緊急」的事情，就註定不能把這些事情做好，因為你沒有充足的時間完成。你的生命和生活品質之低，可想而知。除非你是個天才，不然不可能做出良品，甚至精品。在這種情況下，就僅止於「完成」一件事，無法得到盡善盡美的成就感和喜悅感。有人會反駁，完成一件事情就很成就感了！但請想一想，那到底是「成就感」，還是「僥倖」？

二為，如果你生命中存在非常多「重要又緊急」的事情，那必定是你親手造成的！它們都是由「重要但不緊急」的事情演變而來！請馬上停止找藉口，誠實面對自己的慵懶、拖延、不負責任，好好進行調整。弱者找理由，強者找方法，要成為什麼人，都是你的選擇。

　　生活的真相是，只要你活著，事情永遠多，時間永遠少。所以，並不是每一件事情都重要，也不是每一件事情都值得去做。做重要的事，永遠是最重要的事！現在派個作業給你，請列出未來三年，你生命中「重要但不緊急」的五件事情，然後每天付諸行動吧！

# 日本人的
# 時間學

在日本，一秒鐘也不會浪費。

我曾在東京生活半年，讓我眼界大開的，是日本人的效率。日本人對待時間的態度，寫在他們生活的每一個細節中。

前幾年，有一本日本出版的書很暢銷，叫作《斷捨離》。「斷捨離」圍繞著一個主題展開「整理空間，扔掉沒有用的東西。」為什麼要整理？本質就是重新處理和物品的關係，調整和物品之間的距離，也節省下本來要找東西的時間。

時間，是日本人最大的普世價值觀；快，是日本人的時間哲學。

## ▌能看懂，就不需要問

如果你去過日本，你該會對那些琳琅滿目、大大小小的路牌、指示牌印象深刻。

還記得頭一回陪朋友逛銀座。

銀座不是一座樓，是一片樓，第一次去你會發現每棟樓都極為相像，保證迷路。我這位朋友說要買點 Uniqlo 的衣服回國，我說我也沒有去過，我們問問人吧。

我正要開口，迎面而來一個燈箱，燈箱上面是一幅刻畫細緻的地圖，清楚地顯示了我們所在的位置，和我們想前往的地點位置，只要

按圖索驥，問題瞬間解決。

　　陪朋友在 Uniqlo 掃貨完畢，結帳後，櫃檯店員笑容滿面，用生硬的中文跟我們說：「歡迎你們再次光臨，這是為你們準備的。」我打開店員遞過來的紙，既驚訝又感動。我發現這張筆記本封面大小的紙上，印著整個銀座商業區的地圖，就像我們剛看到的燈箱地圖一樣，清楚標記了我們所在的位置，除此之外，圖上還畫出離開 Uniqlo 的路線，以及最近的洗手間和便利商店。

　　我不禁讚歎，日本人果然深諳溝通效率之道啊。他們總結出來了，大多數人如果要問別人「怎麼走」或「怎麼做」時，其實他們是要獲取資訊，瞭解正確的步驟。但由於每個人的表達力和理解力不盡相同，口頭溝通的資訊無法標準化，導致效率低落。

　　想表述的資訊和步驟，很多時候是說不明白。說給你聽，還不如直接畫給你看。所以，最有效的資訊傳達，就是我畫清楚，你自己看仔細。而最有效率的溝通，就是不溝通。你有想過這樣的資訊傳達多麼性感嗎？不用停下來問人，別人也不用停下來回答問題，僅僅是少一次問路，就節省了兩個人的時間。這前提還是你問一個人就成功的情況下，如果第一個人沒講清楚，你再問一個人，就又浪費了一個人的時間。

　　假設在東京，每天會發生一萬次的問路，兩萬個人的時間就被節省下來了。這些被節省下來的時間，會轉化為生產力，久而久之，帶來的是全社會的進步。因為重構了溝通的方式，形成了新的溝通效率，直接影響的是更高的社會效率。

　　初到日本時，我不懂日語，但憑著一幅幅的指示圖，我學會了在超市快速結帳，學會了買票，學會了坐地鐵，學會了在神社如何洗手、如何參拜，也學會了怎樣用智能馬桶。語言不通的我，卻在日本幸福地生活了半年，全拜指示圖的福。也因為這些圖示，我後來學會

了很多基礎的日語，能做到基本的生活交流。

能用圖示的時候，就不要口述，這是日本人的第一個時間哲學。

## ▌ 大家快，才是真的快

在日本另一件印象深刻的事，就是排隊。

頭一回降落日本，提取行李的時候，我習慣性地走到轉盤邊上等待，突然發現周圍的人，都排成了一條條筆直的隊伍。我自覺失態，馬上跑到離我最近的隊伍，緊跟其後。在日本排隊，有一個特點，隊伍雖很長，但很快；但在中國排隊，也有一個特點，隊伍雖不長，但很粗。

有一回我認識了日本知名的社會學家村上先生，我問他，為什麼在日本，每個人都能自動、自發、自覺地排隊呢？

村上先生的回答讓我吃驚，他說，日本是一個地震高發的國家。大家從小都受這樣的訓練，哪怕地震，大家都要排著隊，井然有序地撤離。因為我們統計過，這樣的撤離是最快的。大家心裡都知道，要麼排隊一起活，不然不排隊一起死。

所以，大家快，才是真的快，這是一種生死存亡的力量。

的確如此，如果每一個人都能遵守社會的秩序，則每個人都能從這個秩序中獲益，直接點說，就是獲得效率。用排隊來舉例，如果每個人都爭先恐後，必定造成有的人快、有的人慢，甚至有的人卡在中間。但如果每個人都自發性排好隊呢？結果就是，平均起來，每個人都很快。

就像前面說到大家都不問人，而先看指示圖一樣。大家都排隊，對社會秩序的共識和共同維護，能帶來真正的社會效率，最終會讓這個社會突飛猛進。

日本的社會效率到底可怕到什麼地步呢？

再舉個例子，Uber 曾想打進日本，就像它想打進其他國家一樣，最後發現日本市場根本沒有它的機會。Uber 在打進別的國家時，可能遇上政府的阻撓，也可能遇上當地的科技巨頭的競爭，不戰而敗；但 Uber 輸給日本的，卻是它賴以生存的資本——效率。

這是唯一一個我見過的，用自身社會秩序打敗商業效率的國家。什麼意思呢？我們之所以選用 Uber 叫車，最主要是快速，其他好處可能就是乾淨、清爽、服務好等。但你想，在日本，交通網絡本來發達，社會秩序本來就很好，社會效率本來就挺高，換句話說，他們的地鐵本來就很快，而想叫計程車，站在路邊揮手即停。在日本的半年，我還沒有試過在路邊等計程車超過三十秒。

所以，日本人根本不需要多一個 Uber。因為大家都很快，社會效率達到了頂點，以效率為賣點的商業，自然失去了機會。

## ▍問都不用問，最快

我在很多國家生活過，就說計程車這件事情，應該沒有國家能與日本相比。哪怕是中國國內出租的專車、豪華車，比起日本的普通計程車，依然有相當大的進步空間。

先不提日本計程車師傅每天會用乾淨的白布擦拭座椅，並噴上清新劑，也不提他們每天從頭到腳都會穿上整齊的制服，更不提他們會下車開門鞠躬迎送。

我就說一個小得不能再小的細節。

第一次坐日本計程車，我坐在後排，發現手機沒電了，正要開口向司機大哥借充電線，突然發現，不同介面的充電線用魔術貼貼在了前排座位的椅背後面。

那一刻，我讚歎不已。想起在中國，每次坐專車都得問師傅有沒

有蘋果的充電線，但在日本，嘴都不用開，一秒都不會浪費。

　　最好的服務，就是你不需要開口，但我懂你的需要。最高的效率，就是問都不用問，直接準備好最快。我撕下魔術貼，充好電，下車前重新把線貼回到座位背面。我用還不太熟練的日語問了司機一句：「為什麼你們的車都那麼整潔啊？」司機笑了笑，說：「孩子，你的朋友來你的家，你不收拾一下嗎？」

　　清楚、守秩序、乾淨、禮貌、友好，這就是日本人的時間哲學。

Part 5・想變「有錢、有閒」？逃出「窮忙」的陷阱

227

# 「窮」是因為
# 「不懂錢」

先問一個問題，請你馬上給我一個不假思索的答案。

如果今天你突然得到五百萬，你會做什麼？

如果你的答案是：「我要買⋯⋯」

我想說，這很可能就是你沒有錢的原因。

你沒有錢，賺不到錢，甚至到現在還沒賺到五百萬，是因為你對錢沒概念。

### 錢的概念一：基礎篇

在我的財商課上，我常跟同學們說：「對錢的基本概念都沒有，你又怎麼會有錢呢？」

什麼是對錢的基本概念？

我曾在課上設計過一個小測試，現在也邀請你來完成。請毫無遲疑地回答以下問題——

・一元能買什麼？

・十元能買什麼？

・一百元能買什麼？

・一千元能買什麼？

・一萬元能買什麼？

・十萬元能買什麼？

- 一百萬元能買什麼？
- 一千萬元能買什麼？

　　從上到下回答，你可能會說一元可以買顆小糖果；十元可以買菜，或到十元商店任意選購；一百元可以吃一頓飯、買一個計算機等。

　　做這個練習時，重點是你要立刻給出答案，並且一題裡答案越多越好。不管你想到的是什麼，都是對的；不管你想到的是什麼，其實都不重要。重要的是「你到底會在什麼地方卡住？」你會在哪一層就回答不出來了？

　　你回答不出來那一層的前一層，很可能就是你目前的收入等級。

　　比如說你一下想不出來「一萬元能買什麼」，那你的月薪，就是前一層「幾千的等級」；再比如，你一下子不知道「十萬元能買什麼」，那你的月薪，可能就是「幾萬的等級」。

　　那如果連一千元能買什麼都答不上來呢？很有可能你還沒開始工作，也還沒開始賺錢。

　　這一份錢能買什麼，這一份錢等於什麼，就是對錢的基本概念。

　　為什麼很多人說測驗很準呢？原因很簡單，因為你從來沒擁有過那個程度的金額，所以你對它能買什麼並沒有概念；所以，如果你對某個金額能買什麼沒概念，就證明你不曾擁有過這個數目。

　　你賺到的錢，永遠不會比你能理解的範圍更多。換句話說，**你對錢的理解，決定了你能賺到的錢。**你的理解在哪個層級，你賺的錢就在哪個層級。

　　比如，你沒有賺到過一億元，沒有接觸過一億元，怎麼會對一億元有概念呢？但真相是，只有你頭腦中有了億的概念，你才會擁有一個億。因為擁有的第一步，就是讓頭腦先擁有。

　　任何事物的發生，都始於內心（其實是頭腦），終於現實。

　　這也是心想事成的規律，一個東西要在你生命中出現，它就得在

你頭腦裡先出現，先「心想」，後「事成」。

錢的例子也給了我們一個思考，在現實層面要取得更大的突破，就得先突破原有的認知邊界。比如還是剛才說的一億元，你會覺得它離你還很遠，甚至你有恐懼逃避的心態，那是因為你還不知道原理。知道了原理以後，只要你主動出擊，樂於開拓，比如說去閱讀相關的書籍，請教已經做到的人，透過探索，經由思考，你得到了一億元的概念，再付諸行動，就會慢慢開始真正擁有這筆錢。

對錢有概念，可以幫你覺察到目前你的賺錢層級，並加以思考如何突破現有的階層，從而邁向更高的目標。

### 錢的概念二：「流」的意識

有了對錢的基本概念，在你獲得金錢的道路上就沒有障礙了嗎？非也！你會馬上遇到下一個絆腳石，我管它叫「流」的意識。

大多數人理解的錢是靜態的，但真實的情況是錢是動態的。大多數人，只在意現金，卻沒有現金流意識。不妨思考，你為什麼總會覺得生活過得不太好，或者總為錢擔憂？

其實是因為你的現金流，出現了問題。

錢在流動的時候，要麼流進，要麼流出。如果你是一個朝九晚五的上班族，每個月你只有一天有現金流進，就是發薪水那天。但是，你有沒有想過，只要你活在世界上，嚴格來說，每天都有現金要流出的，哪怕只是坐公車、搭捷運，更不用說其他更大的支出了。

錢每個月只流進來一次，但每一天都在流出，你能不焦慮、不擔憂、不捉襟見肘嗎？在這種情況下，能活得好才怪呢！

現金和現金流有什麼區別呢？舉個例子。

比方說，今天你有一萬元現金。現在你將這筆錢拿去進行投資，假設每天可以獲利一元，這每天因為投資而自動增加的一元，就是「現金流」。

所以，除了對錢的基本概念外，決定你能否變有錢的，全在於你的現金流意識。換句話說，就是你會不會有意識地為自己創造現金流，讓你的錢流動起來。

為什麼要讓錢流動起來呢？錢的本質是資源，回望過去，所有人類的文明，都幾乎起源於流域。人類祖先最早享有的資源，是水；而水也分為靜態的水和動態的水。靜態的水功用有限，比如飲用、洗衣，唯獨當水流動起來，它才能產生能量，產生的能量又通過裝置轉化為別的能量，帶來更大的功用，比如水力發電、水路運輸，都是因為水流動起來而產生的效應。

其實錢和水一樣，**靜態的錢，只能被使用**，更精準地說是被消耗；而**流動的錢，會被轉化，被放大**。

現在再看看同樣的例子，你擁有一萬元，你會放在哪兒呢？你會發現，有現金流意識和沒現金流意識的人，操作完全不一樣。

比方說，我們的阿公阿嬤，可能會把一萬元塞到床底下的小罐罐裡，無論這一萬元放多久，都是一萬元。搞不好放的時間過久，還會因為通貨膨脹而貶值；而我們父母那一輩，可能會把一萬元放銀行，賺取一點點的年利息；而我們這一代，可能會放在行動支付或其他基金上，回饋或獲利更高。更先進一點的，投資在房地產，隨著房價的上升，收取的房租也在上升，同樣一萬元產生的效益必將更大。

以上的例子，只有第一個是靜態的，其他的都產生了動態的錢；所以，只有第一個沒有增值，而其他的錢都因為放對了地方，又「長出」更多的錢。同是一萬元，因為意識的不同，引發行為的不同，最終導致結果的不同。

關鍵是，你有了「流」的意識後，可能對待金錢的觀念都改變了。因為根據剛才的分析，要想變有錢，無非是要做兩件事情，一是要讓自己有更多的流入、更少的流出，正所謂開源節流；二則為要從現在的主動流入，在未來變成更多的被動流入。

這兩件事情，如果想從「理財知識」落實到「理財行動」上，就要做到這幾步驟。

第一步，更努力地賺錢，並將賺到的存下更多。同時減少消費和浪費，為下一步積累足夠的本金。

第二步，現在你賺的錢基本是辛苦錢，也就是主動勞動而獲得收入。你要慢慢從自己賺錢，轉變為讓你的錢幫你賺錢，也就是把錢放對地方，產生現金流。你不用動，錢都會被動地流進來。

要從第一步跨越到第二步，其實只需要準備好足夠的本金，以及足夠的理財知識。這點我會在後續篇章中說明，對於現在的你，光是有這一點意識的轉變，已經是巨大的進步了。

請記住，「現金流」永遠比「現金」更重要。

### 錢的概念三：「換」的意識

如果你已經掌握了對錢的基本概念，也建立了現金流的認知，接下來，就是「換」的意識了。

我形成「換」的意識，最早還得歸功於我母親。

還記得小時候，像每個孩子一樣，我喜歡買新玩具。母親也會給我買，但她同時立了個規矩。如果我要買新玩具，就必須先送出手上已經擁有的一件玩具。

你可能會想，這是母親想讓你「汰舊換新」嗎？也許吧！但從那時候起，因為母親的規定，我就知道了基本的社會運作，甚至是宇宙的基本規律，那就是，這個世界是「換」回來的。

如果你想得到點什麼，你必須先給出去點什麼；如果你想收穫些什麼，你必須先付出些什麼；如果你想要你從未得到過的，你就要付出從未給出過的；如果你想獲得更多，那你可能要先準備好犧牲掉更多。

人生很簡單，就是努力用你有的，換你沒有的。

每天想著不勞而獲的人，想著運氣或是機會會從天而降的人，要嘛就是沒有認清世界如何運作，要嘛就是抱著僥倖心理過活，兩者必居其一。

我稍大一點的時候，開始跟母親要零用錢。

母親又逮住了機會，說：「當然可以給你零用錢，但你打算用什麼來換呢？」

我說：「那我打掃家裡！」

母親說：「不可以，做家務太簡單了。你來幫我做帳本吧！」

我開始邊學邊做。那時候，我的每一小時、每一件勞動都是明碼標價的。於是，我又透過做帳，獲得了自己的第一份時薪。

母親一直都讓我換，而沒有直接給，她讓我知道了一切來之不易，所以我加倍珍惜。她也讓我知道了，如果我想從世界獲得什麼，就必須積攢足夠的籌碼去交換。

正如這個時代，有人稱它是「知識變現」的時代，也有人稱其為「行動變現」的時代。意思是，用知識能換錢，或者，用行動能換錢。後來有人一語道破，不管是知識變現，還是行動變現，其本質都是價值變現。意思就是，不是你的知識或行動能換錢，而是你提供的知識和行動有價值，這個價值，最後才能變成錢。

但按照「換」的意識，我想了一想，「價值變現」的說法，還不夠接近本質。

有一次，我和朋友晉杭在專車上，正趕去參加一個慈善晚宴。

晉杭問我：「帥帥，你年紀輕輕就賺到了人生的第一桶金，有沒有什麼重要的經驗可以分享啊？」

我問他：「你想知道什麼呢？」

他想了想，說：「比方說，我怎麼能知道自己現在最多能賺到多

少錢？因為我想知道自己的能力發揮到極限了沒？」

晉杭的問題是個好問題，明顯經過了深思熟慮。在看這本書的你，也來想一想，你要怎麼知道自己現在最多能賺多少錢呢？要如何測量自己的極限呢？如果你認為是知識、行動，或者是價值在變現，那結果該怎麼量化呢？你能得出一個最終的數字嗎？

恰好這個問題，我在多年前就有過思考，並得出結論。於是我問晉杭：「如果今天你不簽借據，也不承諾還款日期，只憑人品去向朋友借十萬元，也就是讓他們無條件地借給你，你能問到多少個朋友同意呢？」

晉杭想了一想，翻開了通訊錄，數了數，又算了算，然後回答我：「一百個！」

我問他：「你確定嗎？」

他說：「很確定！」

我說：「那你現在至少能賺一千萬元。」

我注意到他的表情，看得出來他有點難以置信。為了幫他確認這個答案，我又補充問了他一個問題：「如果你向朋友無條件地借一萬元，有多少個朋友會借給你？」

他想了想說：「這個不難啊，一千個吧！」

我說：「你看，還是一千萬！這下你懂了吧？」

晉杭恍然大悟。我把當時分享給好朋友的這段話也分享給你「**變現的最終本質，是『信用變現』**。今天你能賺到錢，不是因為你有知識和行動，也不是因為你的知識和行動能產生價值；而是因為，有人『相信』你所提供的知識或行動具有價值，其重點在於『有人相信你』。」

但我們很容易發現身邊的很多人，都不懂這個背後的原理。他們肆意地浪費他們的信用，特別是在朋友圈，小至集分享換抽獎，大至集資結婚，例子不勝枚舉，俯拾即是。

記得有一回，我看到朋友圈又有人「集資旅行」。發起人說，自己一直想去一個美麗的國家旅行，行程一個月，需要五萬元，所以在朋友圈向朋友「索要」每人一千元的「幫助」；作為回報，發起人會給每位提供幫助的朋友，寄明信片和精美照片。我看了覺得好氣又好笑，想到了四個問題，想問這位朋友。

1. 你沒錢的話，為什麼不努力工作賺錢後才旅遊？
2. 我有錢的話，為什麼要資助你去旅遊而不是自己去旅遊？
3. 你在網路集資一個以遊玩為目的的旅行，到底和路邊要飯的有什麼區別？
4. 假設你家真的很窮，而你真的很想去某個地方，再假設你真的募資成功了，萬一你家人身體健康出了狀況，需要你籌一筆錢，你覺得你還籌不籌得到？你還好不好意思要？

　　我只想對這些人說，少麻煩別人，絕不做網路乞丐。因為你的信用，不能隨便用。

　　要變有錢，就去掌握錢的基本概念，然後努力儲備可以交換的籌碼，並開始學會珍惜你的信用，建立你的信賴度。請記住，金錢是一個結果，而不是過程。只要前面的事都做對了，結果自會翩然而至。

# 建立投資腦：
# 用原有的，換想要的

有人問過我，什麼是我人生中最重要的思維？

我不假思索的說，投資思維。

其實，這不僅僅是思維，還是一個關於「如何善用你所擁有的資源」的習慣和策略。所有的人、事、物，所有的時間、財富和健康，在使用生命中擁有的一切時，其實都是投資。

如果你想最大化你的人生，想在有限的生命中，創造不一樣的結果，就執行下面這一條——

從今天開始，將花出去的每一塊錢，每一秒鐘，以及交到的朋友，視作投資。

這裡說的投資思維，不僅僅是指時間和金錢的利用，還是利用你生命中各種資源的思維方式。只是為了方便理解，我多以時間和金錢來舉例。

那什麼是投資思維？如右圖，它會告訴你投資最重要的三步，也會告訴你投資最重要的三要素。它會影響到你日後如何運用時間、金錢以及其他的資源，從而把結果最大化。

（投資思維三要素）

看一看投資思維的三點要素，我把它畫成一個階梯，因為它有先後順序，你也可以把它理解為三步走。第一步叫風險，第二步叫報酬，第三步叫再投資。

　　大多數人說起投資的時候，馬上想到的下一個詞就是「報酬」，但這完全是對投資思維的誤解。投資考慮回報當然重要，可是先考慮風險，更重要。

### 投資思維要素一：風險

　　首先你要考慮的是，準備要進行的「投資」對你而言，有沒有風險、有什麼風險，因為投資的回報，完全是由風險決定。極有可能發生一鍋端[15]的情況是，哪怕你前面賺得再多，一個巨大的風險，瞬間就讓你傾家蕩產，一個你無法承受的風險，就讓你多年的努力和積累付諸東流。

　　投資裡有很多坑，最常見的有兩個。

　　第一個，別人投我也投。這是純粹的從眾心理，他們會感覺別人投了他不投，自己會有損失，殊不知最大的損失可能來自你的跟風。這個時候別人的決策是理智的，而你的決策是盲目的。因為你沒有根據自己實際的風險承受力，做出適合的投資決定。

　　生活中那些別人做，我也要做；別人學，我也要學；別人有的，我也要有。也跟以上情況類似，決策標準是別人的時候，風險極大。

　　第二個，看不懂我也投。想想看，在什麼情況下玩遊戲你會輸得最慘？不懂規則的時候。在什麼情況下考試你會考得最差？不知道出題規則的時候。

　　投資同理。股神巴菲特（Warren Buffett）有一個習慣，在每次投資前，他都會仔細調查他要投資的公司其企業背景，審閱公司的財

---

15　一鍋端：中國慣用語。比喻一下子全盤托出，可能全盤皆輸。

報，觀察在市場上的動態和負面新聞等等。所以，股神為什麼是股神？懂了才是投資，不懂就是投機，不論從決策過程還是最終結果來看，這種投機與賭博基本無異。

所以，無論是理財上的投資，還是其他方面的投資，牢記我的一句話：「在你不懂的時候，風險永遠最大。」

著名的投資家彼得・林區（Peter Lynch）曾說過，大多數人會花大量的時間去貨比三家，做那些雞毛蒜皮、討價還價的事情，卻不會在他們所買的股票基金，以及大投資上，花一點點的時間。

人們喜歡著眼在小事上，大事卻從不在意。把錢往那裡一扔就不管了，只投不看，他們沒有風險意識，更沒有風險管理的能力。所以才會人家投，他也投；看不懂，他也投。

無知，就是最大的風險。

就像前段時間，很多人喜歡投資 P2P[16]網貸，簡單說就是線上金融平臺的高報酬的基金。有些宣傳會標榜報酬率達年化報酬率 15%，大家頭腦一熱，便傾家蕩產往裡面投，可大家都忘了報酬越高，風險越大。結果平臺跑路，數十萬人血本無歸。

當你看著報酬率很高，所以心動，但你忘了，你賺別人的利息，別人賺的可是你的本錢啊。無論什麼時候，請留意正在投入的事情裡，有沒有陷阱，要學會提前避開這些坑。很多人都想快，但實踐的經驗告訴我，真正快的方式，不是你學了什麼方法跟技巧，而是別人掉坑裡的時候，你不掉坑裡，這就已經很快了！

### 投資思維要素二：報酬

第二步，看看它有多少報酬。不僅要緊盯短期的回報，我的建議

---

16 P2P 網貸：person-to-person（或 peer-to-peer）的縮寫，稱點對點網絡借款，是一種小型的網路媒合融資活動，通常獲利高，但涉及的風險極大。

是，也要考慮長期的報酬。一個真正的高手，不會因為短期的收益而犧牲長期的利益，他會做到兼顧。

根據這我自己十年間的成長經驗，生命中有很多「好投資」，是一時半會兒看不出效果，但是長久以往，只要沉住氣，久而久之，量變會引起質變，體現在你身上的就是認知的突破、階層的飛躍。

如何考慮長期報酬？設想一下，每天的固定投入，累積三年後會有什麼成果。比如，每天把一些時間，投資在已經被驗證過有長期效益的方面，然後保持前進。好比每天背十個單詞，持續三年，你會多出至少一萬的詞彙量；每天寫一千字，持續寫三年，你會寫出一百多萬字，相當於 10 本書；每天散步半小時，保持三年，你會擁有比現在更健康的身體。這些都是相對簡單的付出，但長期下來，都會讓你有巨大收穫的事情。

這時候，你要特別注意時間和精力的投入目標，找出取得回報最大的。因為你的時間和精力是不可逆的，隨著年齡的增長，你的精力也會逐漸減弱。

你必須在年輕的時候，就在各方面多做嘗試。嘗試的目的不僅是為了發現可能性，還是為了進行篩選。你能發現你擅長的事，天賦之事，更重要的是去界定，哪些事情是投入一份精力就會有多重回報；哪些事情是你輕鬆投入，能夠得到超預期的回報。

然後將有限的時間和精力，全用在這樣的事情上。

### 投資思維要素三：再投資

第三步，再投資。經過一段時間的投入，有些方面進步快，有些方面進步慢，甚至有的方面毫無進展，從這裡你能發現，有些項目適合你，有些不適合。

這個時候，就該在有報酬的項目上加碼投入；相對的，在低報酬的項目上減少投入。比如說，經過一段時間的寫作，你發現讀者的回

饋很好，此時也發現一天一千字對你來說太簡單了，那就投入更多的時間，開始一天寫兩千字吧。財富方面，同樣的道理，哪裡回報高，就投哪裡，然後反覆投入。

你發現投資有回報，就不斷地往有回報的地方投入更多的資源，不管是時間、金錢、精力還是心思，然後它就會產生一個正迴圈。這個時候時間精力都最大化了，你發現你開始用錢生錢，或者其他投資的能力用之不竭。

簡而言之，在「再投資」的時候，不需要尋找太多新的目標了，先在原有的項目上做加減法。「再投資」背後的思維是「集中力量辦大事。」

在你起步階段，各項資源也許都是有限的。所以，你要集中資源，以求發揮最大的用處。因為專注，所以專業。比如說，碎片化的時間集中起來，就是整段的時間，你可以用來看一本書、聽一堂課、寫一篇文章。

再比如說，你想報名一堂上萬元的培訓課，但你錢不夠怎麼辦？很簡單，你就把每天零零散散的花費集中起來，像是今天買的一杯飲料、明天看的電影、後天買的衣服，當你有了明確目標，就不亂花了，存起來集中做一次投資。

集中投資的時候，重點在於將零碎的資源整合利用；等發展到一定階段，便反過來學習分散投資，為的是分散風險，不把雞蛋放在同一個籃子裡。

但我認為，在你快速成長的階段，「集中投資」絕對是降維打擊的好方法，也是你超越同齡人的取勝之道。年輕時，你什麼都沒有，只有時間，所以我必須告訴你，對整段時間的有效運用，才是制霸人生、立於不敗之地的關鍵。

最後再次提醒，如果你能先把風險考慮周全，後面的報酬是自然而然的事情。平常總有人跟你說，付出越多，收穫就越大，這句話其實是騙人的。為什麼？不是說那個人不懷好意存心騙人，而是這個運算式既不仔細，又不周全。

真實的情況是，投資得越多且風險越小的時候，回報才會越大，或者才會最大化。這裡的投資，就是付出。

**在自我成長的階段**，我認為，無論身體還是大腦，**投資自己就是最好的投資**。把錢花在你的身體健康，花在你的大腦建設，花在能抵抗歲月而經久不衰的事情上，投入再多也不為過。讓自己成為一個有用的人，還有餘力，也讓自己成為一個有趣的人。

投資，要看本金。而年輕時，你最大的本金就是那為數不多的錢，還有大量的閒暇時間；年長時，你最大的本金，就是因為你年輕時的正確投入所產出能力、經驗、見識、認知、人際關係等。

如果你知道現在你最大的本金，是你的時間，並且你擁有投資思維的話，也就會更加合理地把時間投資到「低風險但高報酬，並能再次投資」的事情上了。

「人生有無限可能」，確實是一句激勵人心的話。但是，由於一個人的時間、精力、能力的限制，你能夠選擇並真正付諸實踐，並在最後能實現的可能，是有限的。過去的人生都是投入，你現在的人生都是回報。為了更好的人生和選擇，謹慎做好每一次投資，讓每一份本金都產生收益，讓你的每一份收益成為新的本金。

請記住，**你花出去的每一分錢、每一分時間、每一分注意力，都是為你想要的生活投資。**

# 在賺錢、花錢、存錢之前……

　　你常會聽到有人說「我沒錢」或「我很窮」嗎？還是說，平時你自己就會把這幾個字常掛嘴邊？你總是覺得自己沒有錢，卻從來不問原因，或是有些人，會認為沒錢無非就是能力不夠。

　　我想把結論說在前面：「你錯了！**沒錢，從來不是能力問題，是認知問題。**」

　　錢很重要，但對錢的認知更重要，可是你有沒有發現，從小到大，曾經有人教過你什麼是錢嗎？好像沒有。從小到大，曾經有人教你如何處理、分配、運用獲得的錢嗎？好像也沒有。

　　你活到了二三十歲，但在金錢上的年齡，可能只有不到五歲。你的「金錢知識」，似乎沒有跟你的年齡同步增長，所以沒達到相同的程度啊！

　　這是因為你在錢的認知上沒有被突破，也沒有被打開對錢的意識。人永遠低估了「正確認知」的重要性，雖然這道理淺顯易懂，卻常常被忽略。

## ▌賺錢之道

　　無論是實際的理財面，還是觀念面，我們對金錢的認知可以分為三個部分「賺、用、存」。這三個部分相互影響，相輔相成。所以金

錢的三觀，分別就是「賺錢觀、用錢觀和存錢觀」。你有什麼樣的金錢三觀，決定了你能擁有多少錢。

在財富積累的初始階段，你賺錢的方式基本只有一個，就是出售勞動力；出售勞動力的本質，就是出售你的時間；而賣時間，本質就是在賣命。巴菲特曾說過，如果你只依賴打工來賺錢，你就會打工到死的那一天。

所以，為什麼要把你賺錢的方式，放在前面說？因為當你瞭解了現實，會更有助於你注意金錢的存和用，也更有利於扭轉人生。你需要的是認清現實，而不是任何雞湯。

現實是什麼？現實是，如果你不去注意用錢，也不去有意識地存錢，最直接的後果是錢會被花光，而你就只能成為自我感覺良好的月光族、年光族。月光族和年光族有一個他們自己都難以察覺，也是最可怕的認知迷思，那就是「錢再賺就有」。所以花光了沒問題，因為花光了可以再賺。

錢真再賺就會有嗎？其實不。假設人生可以用來賺錢的時間，是大學畢業後的三十年，又假設你現在正值青壯年，賺錢機會多，錢也來得相對容易。

但懇請你思考一下，為什麼你會覺得錢可以再賺回來？那是因為，你假設了賺錢的三十年裡，你賺錢的能力會不斷提升，從不下降。可事實是這樣嗎？我們就把三十年分成三個十年來看，你要知道20 到 30 歲的十年，跟 30 到 40 歲的十年，再跟 40 到 50 歲的十年，是不一樣的。

對絕大多數人而言，前面的十年，賺錢能力確實會不斷地提升；這種能力，可能在 35 到 37 歲之間達到高峰，因為這時候你的體能、智力、資源、社會關係等都累積到頂端了，這些因素的綜合作用，會使你財源廣進。

高峰之後，就會迎來下滑，而下滑最快的階段，一般是後面的十年。此時你可能有了家庭，有了小孩，生活中有很多問題要解決，有了很多瑣碎的事要照顧，你並不能一心一意，把全部注意力、精力都放在事業之上，甚至你不會有餘暇，讓你的賺錢能力進一步提升。

　　是的，對大多數人而言，這就是現實。按三十年來看，賺錢能力在前十五年，總體上升，而在後十五年，總體下降。什麼意思？說直白一點，就是你前十五年賺的錢，在後十五年是賺不回來的。也就是說，錢不一定賺得回來，最起碼，也不再會和原來的一樣多。

　　而且，如果這三十年，你只是靠出售勞動力賺錢，有沒有想過，你的勞動力將會越來越不值錢。因為，總有更年輕力壯的人，也就是總有更好用且更廉價的勞動力。這些年輕的勞動力會替代掉你，正如現在的你，作為職場新人，會替換掉職場上的老人。

　　言下之意，如果在職場的前十五年，你選擇把錢都花光，十五年後你可能得面對另外一個現實，就是做著一份自己不喜歡的工作，和一個自己不愛的人結婚，過著自己不想要的生活，並每天期盼著自己一輩子都無法擁有的人生。你只能勉強維持生計，苟且偷生。

　　請問，這是你想要的嗎？肯定不是，但這就是現實啊。現實並不可怕，可怕的是，我們不願意面對現實。現在，我們該直面現實，理智思考，並研究扭轉之道。

## ▍存錢之道

　　透過以上敘述，你應該懂了，如果你今天 30 幾歲卻說自己沒錢。這個沒錢到底是什麼意思？

　　請正在讀這本書的你思考一下：人們常常說的「沒錢」，指的到底是「沒賺到錢」還是「沒存到錢」？他們說的「很窮」，指的到底

是「沒有收入」還是「沒有存款」？

　　我相信，機智如你，現在一定明白了，他們所謂的沒錢，指的都是後者——沒存款。就像前些天，我見了一位老朋友，他是新東方的一線名師，從教十二年，算是我的前輩。喝下午茶的時候，他輕歎了一口氣說，數了一數過去這些年，我是賺到過五百萬的，可不知道為啥，在我銀行帳戶上，卻一直沒見到過五百萬。

　　我帶著職業病，也有點好奇，問他：「那你現在有多少存款呢？」

　　他又歎了一口氣：「不到五十萬吧！」

　　我接著問：「那你有投資房產嗎？有買過車嗎？」

　　他說：「不是一直時機都不太對嘛！就沒有入手！」

　　我也跟著歎了口氣：「我懂了，加油吧！」

　　按照老朋友提供的資訊，他過去的十年雖然賺到過五百萬，但花掉了四百五十萬，最後剩下了五十萬。所以在我看來，他的過去，其實只賺到了五十萬。

　　人都有這個通病「賺得越多，花得就越多」，留下來的跟原來一樣，甚至更少。在我看來，這樣的「賺得多」，毫無意義。把錢留下來，比賺到錢更重要；而把錢留下來，也比賺到錢更難。


　　其實稍微一想，從開始工作那天起，你踏實努力，平均每月存三千元，累積十年，加上利息，也快四十萬了。這也只是保守估計，假設你更自律，目標更明確，平均每月存五千元甚至八千元，也是可能的，因為這些例子我都見過，他們也只是上班族。

　　這筆存款，就是俗稱的「第一桶金」。 這樣到了三十出頭的時候，你的人生和月光族的人生相比，必然站在一個全新的開端。而這個時候，這些存款就發揮作用了，因為存錢的最終目的，就是為了積攢本金，用錢來賺錢。有了這筆存款，就能幫你提前結束「賣命的狀態」，享受人生更多的自由。

對於在財富累積路上的你，我給你一句口訣，請你牢記：「先存後用，先賣後扔。」

前半句的意思是你要學會對抗本能，人的本能是有一筆收入，就很願意馬上把它花掉，就像得到食物以後，人會馬上吃掉一樣。你要延遲滿足自己的欲望，改變這個第一反應。

以後有一筆進帳，特別是發薪水的時候，第一件事情，就是把其中的一部分先存起來，再去規劃剩下的部分怎麼用。這個步驟上的微小不同，就會讓你發生本質的改變，因為大多數人的存款習慣是得到一筆收入後，先用，最後看剩下多少再存起來，而通常的情況是什麼也不剩。

況且，你別騙自己了，你要知道，你有意識存下來的，才叫作存款；用完剩下的，頂多叫作餘額。所以順便想一件事情，為什麼餘額寶[17]要叫餘額寶，不叫存款寶？因為這家掌握了十億人消費資料的公司十分清楚，絕大多數人，是不會有存款的，他們只有餘額。

大多數人的想法是，一開始薪水那麼低，錢那麼少，存起來有什麼用，還不如用掉。你錯了，如果錢少的時候你不存起來，錢多的時候你也不會存，因為你沒有存錢的習慣。你應該從小事開始養成習慣。在你成長的路上，每件小事都是重要的，因為當它們累積起來時，就會變成大事。先存後用，開始主動存款，就是你的扭轉之道。

而後半句的意思是，你要進一步突破認知。我想問，一般你是怎麼處理一些很久不用，或者再也用不上的東西呢？大多數人的答案很可能是送朋友。聽到這樣的答案，我只能說，你好意思嗎？自己不要的東西送朋友？你們是塑膠朋友吧！我並不是不支持環保，更不是支持浪費，我想說的是，大部分你認為失去使用價值的產品，只要產品

---

17 餘額寶：將金額從支付寶轉入餘額寶就等於購買貨幣基金，並且可以隨時用餘額寶消費。

本身依然能實現功能，依然能使用，就依然有價值。有使用價值，就會有流通的可能。

大多數人會想，自己不要的東西，別人怎麼可能買，其實不然。我目睹過一雙二手的球鞋在二手平臺上乾脆地被買走，從我的角度來看，是不可思議的。

我自己最近開始清理幾乎占據房子的上千本書籍，我選了個二手書交易平臺進行轉賣；還有一些抽獎禮物、用不到的電子產品，包括要更新汰換的麥克風，我都放上了二手物品交易平臺，這些物件都在一天內被買走了。透過轉賣二手物，不僅能讓我整理自己的空間，還增加了我的現金流管道，如你所料，我也把賣二手物的錢，通通存了起來。

與其讓物品放在一邊長灰塵，不如換成錢存起來，畢竟能增大本金嘛。如果真賣不掉，就再扔掉唄。**賺回來的，可能會被花掉**。只有**存到的，才是賺到的**。

## ▌用錢之道

常有人問我該怎麼理財。

我的回答總是，在存到一百萬之前，最好的理財方式只有兩個，而且我建議這兩個同時並行，一是省錢，也就是降低消費；二是投資自己，學習理財的相關知識。

你知道了扭轉人生的關鍵在於本金，而積攢本金的關鍵，就在老生常談的四個字「開源節流」。開源節流無非兩個動作。第一，賺更多的錢；第二，留下大部分賺到得錢，也就是存款。

但在剛踏入職場的發展期，能賺到的錢是有限的，起碼不能一蹴而就，所以事實上，開源十分困難。這時候，為了能讓更多的錢留下

Part 5・想變「有錢、有閒」？逃出「窮忙」的陷阱

247

來，只能節流。

像我常說的，怎麼花錢，真的決定了你有沒有錢。

我發現大部分人年輕的時候，錢都浪費在了兩件事情上，一是吃大餐，二是買衣服。但你可能沒有想到，吃多了會胖，衣服很快會折舊，這兩個基本是無意義的消費。現在還有第三件事，就是所謂知識付費，很多人開始忽悠你付費，叫你「不計投入、不求回報」把一切投資在學習和成長。

說這話的人要嘛連最基本的投資常識都沒有，要嘛就是費盡心思套你的錢。如果你承認學習是一種投資，肯定得計算投入和回報啊！所以，你得小心謹慎，看好你現在的錢，因為那是你的未來。

我的建議是，發展階段，就全心全意發展吧！沒必要吃米其林，健康有營養就行；沒必要穿一線大牌，得體舒服就行；更沒必要學那麼多，一年有一小部分的收入放在學習上，加入對的社團，上一堂有幫助的課，看幾本經典書籍，保持前進就行。

對於合理用錢，幫助節流，我總結了下列幾條原則，你們只要踐行即可——

**1. 買你需要的，而不是你想要的。**

多想一下，東西買回來，是不是現在或是不久的將來就能用上？如果不是，堅決不買。喜歡的東西有很多，想要的東西也很多，拋下物欲和執念吧！只要你用不上，買回來在家裡放著和在商店裡放著，根本沒區別。如果你說，可能以後要用呢？那就用得上的時候才買。

**2. 杜絕衝動消費。**

智力發展的其中一個層面，就是一個人的自制力，和延遲滿足自己欲望的能力。商家會用盡辦法勾起你購買的衝動，請不要因為折扣和低價而購買，價格低不低和你買不買，沒有關係；更不要因為購物節購買，如果當時真的很喜歡，先放到購物車，一個禮拜後再回到購

物車看看，你就會發現，可以刪除很多當時的「衝動」。

### 3. 別花未來錢，要為未來花錢。

所有的未來錢，都是假的。所以，盡最大的可能不要貸款，不要刷信用卡的額度，你要謹記四件事。第一，只要是要「還」的，就不是你的錢。所以借回來的，以及信用卡，都不是你的錢；第二，只要你要還銀行錢，你就有部分勞動力是屬於銀行的，你不僅幫你老闆打工，你還在幫銀行打工；第三，人都活在慣性中，借錢容易產生惰性，更容易進入「欠錢再還錢」的迴圈，冥冥中你的內驅力就會改變，以前你有賺錢的動力，現在你只有還錢的壓力；第四，如果你一直在還錢，你就不可能有任何存款，扭轉人生也會成為奢望。

### 4. 開始把消費變成投資。

投資思維要時刻上線，考慮你將要買的東西會成為你的資產，還是你的負債。簡單來說，就是考慮這個東西買回來以後，會在你的目前人生階段中，做加號還是做減號。做加號，就是投資；做減號，就是消費。對於日常生活的消費，我有一句口訣，裡面包含了方法和明確的行動指標「降一級投資，降兩級消費」。比如你是萬元級別的收入，就按千元級別來投資、百元級別來消費，以此類推。當然，千元和百元的級別可能不會有什麼好的投資項目，那就存起來，存起來也算投資了。

### 5. 消費時，留意後續費用。

對大部分人而言，每年難免有一至兩次大筆的消費。這些消費除了注意上述幾點外，還要特別留意會不會產生後續的費用。比如，你買了台車，往後會需要加油、付停車費、保養費，還要還貸款；又比如，你買了單眼相機，後續要換鏡頭，也是價錢不菲；再比如，養了條狗，往後的生活要幫牠洗澡、護理、買狗糧，每月會有相對的固定

支出。這些後續的支出，你能否承擔，承擔時又是否能夠承受住相應的壓力，都需仔細考慮。

### 6. 別炫富了，真正的富都炫不出來。

下次你在朋友圈，見到炫富的人，不用羨慕更不用妒忌，更不要跟風。因為，大多數時候，只有他們自己感覺是在炫富，但在真正富有的人眼中，這些人是在炫窮，甚至是炫蠢。但是，如果你真覺得他們在炫富的話，甚至覺得他們真的富的話，就要找出讓自己這樣想的原因了。

一棟房子、一台車、一個包，甚至一支 iPhone，怎麼能成為你的身分象徵呢？你的價值，才是你的身分；你的身分，才是你的象徵。所以，你的價值，才是你需要花時間、花錢、花精力的地方啊。

還是一句話，踏實努力吧，多賺錢，少花錢，存點錢。真要花錢的話，請記得它最正確的使用方式：買時間，而不是買目光；買資產，而不是買負債；買你需要的，而不是買你想要的。

另外恭喜你，讀懂了這一篇，你要開始變有錢囉！

# Notes

歡迎寫下這個章節帶給你的反思、體悟或靈感！

# Part **6**

## 善待自己、理解他人，世界也會溫柔待你

# 消極情緒的背面
## 未必消極

認識你自己，是一個永恆的話題。

我們經由思考和發問，來認識自己，也可以透過外部世界的回饋，來認識自己。但這樣就能足夠認識自己了嗎？也許未必。在我們的靈魂記憶深處，有一些不可碰觸，或者說，你不願碰觸，比方說，恐懼。人學一切東西都學得很慢，唯獨恐懼，學得最快。

假設有一天，你踏進電梯，門關上後，電梯突然從二十樓，迅速地墜落。電梯的保險開關及時打開，最後你幸運地活下來，這時候，你就留下了一個恐懼的印記。未來很長一段時間，你不會再搭電梯了，即便你之後緩過來，終於鼓起勇氣，再一次踏進電梯，你仍會心有餘悸。

**恐懼不僅學得快，學了還不容易忘記；**甚至有的人，一輩子就活在恐懼的記憶中。這些恐懼，會成為他人生的最大限制。

有一例諮詢個案，小希，年近 40 歲的她，仍然單身，因為她有一個聽上去詭異卻十分嚴重的恐懼，她害怕看見戴黑框眼鏡的男性。

每一次見到戴黑框眼鏡的男人，她都格外緊張。一瞬間，她會心跳加速，汗流浹背，如果她和這位男士距離很近，甚至會全身發抖。有幾次她跟對象約會，一開始都很順利，但一旦對方拿出他們的黑框

眼鏡，她就會「發作」，這種奇怪的表現，也讓後續的發展無疾而終。小希很痛苦，也很不解，她不知道為什麼會這樣。

我幫她做了幾次催眠，回溯她的過去。一開始，小希並無異常，隨著催眠的深度慢慢增加，小希全身發抖，不斷喘氣，眉頭緊皺，額上接連冒出豆大的汗珠。在催眠的狀態下，顯意識下去，潛意識上來，很多原來忘記了的事，開始一一浮現。

我坐在小希的身旁，帶她進入最深層的記憶，領著她回到過去。我逐一詢問、排查、引導，小希越來越放鬆，逐漸打開內心，直到碰觸到那段封存已久的記憶。

原來在她四五歲的時候，家裡的大人去上班，就把小希放到托兒所。每到中午，小希睡午覺的時候，都有一位叔叔，對她有過多的熱情。記憶中，叔叔時常抱她、親她，有時候還會把她放在大腿上，然後把手伸進她的裙子裡。當時她並不知道發生了什麼，只知道自己很不舒服，有一種「生病了」的感覺，想要逃跑，又無法掙脫。

小希還在深沉的催眠狀態中，她看到的是她深層的記憶。我看到的是她臉上逐漸增加的恐懼，越發強烈的身體反應；我抓住這個機會，跟她說：「小希別怕，我都在，你很安全，現在你抬頭看一看，這個叔叔長什麼樣呢？」小希說：「臉已經看不清了，但很清晰的是，他戴著一副黑框眼鏡。」

我用催眠的方法，幫小希釐清了恐懼的源頭，並清理了這個恐懼。原來讓小希一直恐懼的，並不只是戴黑框眼鏡的男人，還有這段可怕的記憶。小希活在恐懼中，直到有一個引爆點，將被掩埋的記憶挖出來，隨之被啟動的，還有當年的恐懼。

很多在生活中有恐懼的人，只是不知不覺地活在了恐懼的記憶中。記憶可能被埋葬，也可能被遺忘，但恐懼，卻一直都在。

在我們成長的過程中，無論是家庭、學校、社會，以及我們自己

的經歷，都或多或少會在我們記憶裡，種下恐懼的種子。很多人想去克服恐懼，但是你有沒有想過，人為什麼恐懼呢？恐懼的種子又為什麼會被種下呢？

**其實，恐懼不需要被克服，只需要被理解**。我們以為恐懼來自未知，事實上，**恐懼來自無知**。我們不瞭解恐懼，所以我們才恐懼。正因為恐懼來自你的大腦，來自你的身體，來自你的心，或來自與外界事物的接觸，簡而言之，恐懼都來源於你自己。

如果你能重新認識恐懼、理解恐懼，你的恐懼就會逐步減少，僅僅是理解的本身，就足以讓人突破了。光是從「不知道」到「知道」本身，就已經重塑認知了；而且，當你嘗試去理解的時候，感性腦下去、理智腦上來，這個「認識、思考、分析和理解」的過程，便會讓恐懼感逐步減弱。

頭腦的運作機制就是如此簡單，當你將注意力放在思考，你就沒有注意力凌亂；當你將注意力放在期待，你就沒有注意力恐懼。

心是個容器，裝太多悲傷，就沒有空間快樂了。

總而言之，降低甚至消除恐懼，有三個簡單的方法，就是「重新定義，理解系統，脫敏訓練」。三個方法的本質，都是對恐懼的重新思考、認識和理解。

人活著的時候，有三大恐懼，分別是「恐懼失敗、恐懼分離、恐懼孤獨」。

對失敗的恐懼，是絕大多數人的限制性信念。這個信念會讓我們止步不前，會讓我們因為「恐懼失敗」而停止嘗試探索更多的可能性。那害怕失敗的根本原因是什麼呢？是你真的會失敗嗎？顯然不是。

原因是，你定義了什麼叫作「失敗」。你身邊的同學、朋友、家人，甚至老師，無時無刻不在鞭策你，無時無刻不在渴望你終有一天會成材、會成功，反之就是失敗。於是，你頭腦中便有了「失敗」這

個負面的詞彙，有了對「失敗」的定義，自然也產生了對「失敗」的恐懼。

所以，我們用重新定義的方法，恐懼就會不翼而飛。我們可以把所謂的「失敗」，重新定義為「經驗」，你經歷的每一次未成功，都是經驗，而經驗的最終目的，都是為了讓你離成功更近一步。如此一來，沒有所謂的「失敗」，自然就沒有對「失敗」的恐懼。

其實，哪有什麼所謂的失敗呢，只是結果暫時未如理想，這一切，都是經驗；而你需要記住的是，這個世界上，沒有無用的經驗。這些經驗都在嘗試教會你什麼，以便讓你成長得更快、做得更好。

這種定義和理解的方法，你可以舉一反三地投射到生活的方方面面。比如你和心愛的人分手了，跟朋友傾訴時，你會說「我失戀了」，然後陷入痛苦。

「失戀」這個描述，說白了，就是你認為你在戀愛上失敗了。有「失戀」，當然就有對應失戀的「痛苦」，但如果你不再用「失敗」來定義這次的戀愛，而用「經驗」來定義呢？結論就會變成，戀愛要麼得到，要麼學到。你發現了嗎？不管是「得到」，還是「學到」，都是一種獲得。

有沒有發現，你已經不恐懼失敗了！因為你已經重新認識了失敗。那對分離和孤獨的恐懼呢？要知道，人只要活在這世上，他並不是單獨地活著的，他總是以各種方式和萬事萬物連接著。如果你能正確理解這句話，你就會知道，世界上沒有真正的分離，我們總是緊緊相連。

哪怕你只是獨自在家裡，躺在沙發上，看著這本書，你孤獨嗎？並不！你看，你與沙發相連，你與我相連，你也與成千上萬同時在讀這本書的小夥伴相連。你一直都以與他人他物相連的狀態活著，你並不孤獨。

我曾在社群上發文說過,「想要走出平凡,必先走進孤獨」。這兒說的孤獨,更多的是一種自我觀察的狀態,意思是你要變得與眾不同,你必須享有一段不受打擾、獨自努力的時光。而獨自努力,通常倍感孤獨,但是,只要你想一下,這個地球的六十億人裡面,一定有一個人,在遠方,在異國他鄉,他像你一樣,付出著和你相同的努力。如此一來,你便不再孤獨。

認識了自己,理解了自己的系統,再用這個系統來理解分離、孤獨,你就知道世界上沒有分離,你也不會孤獨。這時候,你看看,你還恐懼分離、恐懼孤獨嗎?

最後,談到恐懼時,還有一種恐懼,是對一個具體事物的害怕。比如有人怕狗,有人怕當眾做演講等等。而解決的辦法是「脫敏訓練」,全稱「系統脫敏訓練法」,這個方法的原理是循序漸進地降低人對某個事物的恐懼。

我從小的玩伴迪迪,她怕狗怕了 20 年。只要把狗帶到她的面前,她就會渾身顫抖。我怎麼幫助她呢?

一開始,我給她看看狗的圖片,她覺得挺可愛;然後,我給她講一些狗狗的故事,她覺得有趣;進一步,我帶她去看忠犬小八的電影,她淚流滿面;接著,我帶她看看真的狗,但只是遠遠地看,讓她聽聽狗叫、看看狗跟主人們的互動;最後,我牽來了我家的秋田,她一開始有點猶豫,不敢碰,誰知道傻秋田一過來,就賣乖蹭腿,她後來竟不自覺地伸手摸摸了它,秋田也很配合地做出一個舒服的表情。

一個月之後,她已經不再怕狗了。她還養了一隻薩摩耶,每天生活在一起。

你很難想像,一個月前,迪迪見到狗,害怕得半死不活;現在的她看到狗,愛得死去活來。而想解決害怕演講的問題和害怕狗的問題一樣,只需要循序漸進地降低恐懼就好。當然,如果這個人只是「害

怕演講會失敗」，就用「重新定義」的方法即可。

不妨想像一下，如果有一天，你也能放下你生命裡的一個恐懼，人生會展開怎樣的可能性呢？甚至，如果有一天，你所有的恐懼都消失了，你的人生將會有什麼轉變？你是不是能用更優美的姿態，去擁抱你的生命呢？

現在，你可以馬上利用上面提到的方法來檢視，幫助自己降低在某方面的恐懼了。

你總需要做點什麼，才能讓自己更進一步。要是你問：我可以用這些方法來幫助別人嗎？當然可以，但請記住，幫助別人有一個前提，就是「對方願意接受幫助」。你沒有辦法叫醒一個裝睡的人，更沒有必要去叫醒一個真睡的人。

凡事都有其真相和本質，我們需要的是發現和深思。

恐懼的真相是，大多數你害怕的事情都不會發生，絕大多數你害怕的事情都不存在，而所有你害怕的事情，它的本貌其實都不可怕。記住，**恐懼是學會的，我們同樣能學會的是，不再恐懼。**

而你的本真，就是無所畏懼，你的本能，就是無所不能。這個世界上，哪裡有什麼消極情緒，有的只是對情緒的消極認知。

# 當世界向你
# 傳達惡意

朋友問我，如何面對世界襲來的惡意？

我告訴她，很簡單，瞭解這幾個「並非」就可以了。

## ▌ 你並非沒有選擇

在哈根達斯見到了好久不見的小丁。我一屁股坐下，說她最近怎麼樣？話音剛落，小丁眼淚突然掉了下來，我嚇了一跳，邊遞紙巾邊問：「怎麼啦？壓力太大啦？還是失戀啦？」

小丁滿臉委屈：「最近什麼事情都不順利，總被主管罵，背後還有一群不嫌事大、說三道四的同事！」

看得出來她心煩，我試著引導她：「這個時候，你有什麼樣的選擇呢？」

她不太肯定地說：「我可以選擇留下，也可以選擇離開。不對，我沒有選擇。這個世界再也不會好了。」

她越說越亂，越哭越淒涼。

我斬釘截鐵地說：「肯定不是！你並非沒有選擇。」

小丁擦了擦眼睛，疑惑地看了看我。

我接著跟她說：「你不能選擇天氣，但你可以選擇心情；你不能

選擇遭遇，但你可以選擇理解的角度；你不能選擇別人的脾氣，但你可以選擇自己的態度。無論是生活，還是工作，只要你想選，永遠有更好的選擇。」她似懂非懂地點了點頭，我跟她繼續分享我的故事。

## █ 這並非你的錯

還記得，二〇〇九年，我開始在新東方授課。到了二〇一五年，我開始在網路直播上課，那時候我非常刻苦，一年上了近三千小時的課，名氣、口碑獨步一時。

與此同時，身為一個胖子，作為一個老師，我遭受了慘絕人寰的「網路暴力」。開始的時候，有人說：「老師，你的課講得很好，可是你長得真胖！」當有一兩個人這麼說的時候，我不以為意。當越來越多的人這麼說的時候，我意識到了問題的嚴重性，我發現這個世界上，壞人真的越來越多了。

還有另外一批同學，他們總是攻擊你說：「老師，你的課講那麼好，怎麼不免費呢？」

我很茫然：「我的課講那麼好，為什麼要免費呢？」

到了二〇一六年，我的口碑達到頂峰。

我一位同事眼紅了。他是我的前輩，開始暗地裡中傷我，他說：「小帥最近膨脹了！」

這話後來傳到我的耳中，我心想：「如果你說我膨脹了，那你到底是有多膨脹。」他的名字，我就不說了，因為這樣不好。

後來這個人還說：「他在網路開課，不就只是為了賺錢嘛！」

我心裡覺得好氣又好笑，我賺錢了，我勞動我光榮，又有什麼錯呢？

更何況，教學確實是我的興趣，我熱愛分享，也熱愛講課，我享受學生由一竅不通到恍然大悟的過程，喜歡看到他們臉上因滿足而喜

悅的表情。但問題是：「為什麼他會這麼想我呢？」原因很簡單，因為他自己就是這麼想自己的，他教課，就是為了賺錢。

生活就是這樣，你恰好有的東西，別人沒有，他們就會眼紅妒忌，甚至把你所擁有的這個東西說成壞事，把你變成壞人。其實我想問，當你被罵的時候，你有沒有想過，你為什麼被罵？是世界冷酷無情嗎？是你不夠努力嗎？是你活該嗎？都不是！

大多數情況下，你被罵，那是因為你很厲害！你的存在，對別人的存在構成了威脅，而且很可能這種威脅只是他幻想出來的，當他一下子又無力反擊的時候，就只能走上「罵你」的對策。

他試圖從語言中獲得優越感，製造出一種已經打敗你的假像。所以，做人要有自信。如果非常肯定自己厲害，或篤信自己終究會很神，那現在在罵你的一定很傻。對待傻人，自然有對待傻人的方法，記住這一條，同意傻人的一切言論和決定，讓傻人變更傻。

往往當你不反駁的時候，同意他的時候，他就沒話了。下次有人對你飆罵，你就大方回應「你說得對」。

這回答裡面蘊含著極大的勇氣、胸懷和格局。潛臺詞裡就告訴了那個把你視作假想敵的人，哪怕是酸言酸語，也無法影響我。

你被罵並不是你的錯，只是因為罵人的人在妒忌你。那些罵你的人，說三道四的人，不就是想讓你過得不好嗎？所以，**不要想改變討厭的人，也不要被自己討厭的人改變，對待他們的最好方法，是你持續努力往前走，直到你的世界再與他們無關。**

## ▎他們知道的並非真相

過了一年，我變得更火了。

這個時候，不僅是一些同事，一些學生也無緣無故地眼紅。有一

個學生跑來我的社群下留言說：「你不就是個老師嗎？除了講課好，有什麼厲害的，而且誰不會講課！你學學人家 M 老師。」

我跟他說：「你說得對，我就講課還可以。」

如果你要各方面都厲害的，可以找 M 老師。他除了講課以外，其他方面都蠻厲害的，特別是顏值和跳舞。後來這話傳到了 M 老師的耳中。我覺得我明明是說實話，明明是在誇他，可是 M 老師居然憤怒了，然後開始組織他的粉絲，在我的課程留下了幾百個負評。

沒想到，M 老師長著男人的身體，卻裝著一顆少女心，不僅敏感，而且氾濫。每逢講座，他都會告訴聽眾，自己永遠 17 歲。我覺得承認自己在成長，接受自己在變老，也沒什麼不好。可能是我太理智吧，我一直認為，只有一種情況，才會永遠 17 歲，就是死在 17 歲。


一個不願意接受現實的老師，有一群不明真相的信徒，並不奇怪，也不重要。

重要的是，你要記住，你被說了，可能只是說你的那個人無知。他們搞不清楚狀況，他們知道的並非真相。

他們不知道，講好一節課，要有好的思維邏輯，要有好的語言表達，還要有好的臨場表現，搞不好還需要一點天賦。但好玩的是，他們從未做過，卻覺得非常簡單；他們從未做成過，卻覺得沒有什麼了不起。像我常說的「自己親手做過再評價」，是世界觀，是價值觀，也是方法論。

如果你覺得一件事很容易，甚至容易到你不屑去做，很可能只是因為你從未親手做過而已。有人埋頭苦幹，有人仗劍走天涯，也有人用鍵盤征服世界。無論如何，開心就好，時間總會告訴你答案，現實也總會給你真相。

## ▎ 打擊並非偶然

剛才說的 M 老師，其實他很有才華。隔三岔五，他就會寫出幾個驚世駭俗的句子、段子，配上幾幅自己用 photoshop 處理過的截圖，再多少補上神邏輯，放在各種平臺上開罵。

而被罵的人，正是我。他在罵人的時候，還會避掉一些主管和同事，以維持表面上正人君子的形象。也正因如此，所以往往等到我知道自己被罵的時候，總是最後一個。

正常人被罵，一般會有兩個反應，要嘛絕地反擊，要嘛顧影自憐。我的反應比較奇特，當他說的話、寫的字傳到我面前時，我反而很佩服他的創意，心裡想著，用在罵人上，太可惜了！

我有被傷害到嗎？顯然沒有。

因為，請記住，**沒有人可以真正傷害你，除非你允許了。**

自信和勇氣，是應對一切謾罵、威脅、輕視、閒言碎語的最好方法。Confident people never get hurt. 這句話說得很好，因為有自信的人，永遠不受傷害。

記得有一次，回家的路上，我遇上了搶劫。

在昏暗的巷子裡，歹徒握著明晃晃的刀，說：「把錢都拿出來，不然捅死你。」

一般人第一反應肯定是害怕，第二反應肯定是交錢，或者還會像電視劇劇情一樣，在最後補一句「我什麼都沒看見，別殺我。」

那時候，我說了一句連我自己現在都覺得害怕的話。

我說：「來吧！」

我分明察覺到歹徒臉上的錯亂，他可能在想，這人怎麼這樣？又可能在想，這人是有毛病吧？就在他錯亂的瞬間，我奪過了刀，最後他落荒而逃。

要知道，不怕死的人，是最可怕的。

劫難並非偶然，如果沒有劫匪，我不知道自己的勇氣；如果沒有中傷，我不知道自己的強大。那些殺不死你的東西，沒有讓你變得強大，而是它們讓你意識到，你本來就是強大的。這些際遇都不是偶然，而是被安排在你生命中的某個節點、某個階段，來提醒你，你本來就擁有什麼。

世界上沒有什麼是不合理的，只有不合理的期待。所以，別期待問題會馬上消失，要期待自己因此而變得強大。

## ▌沉默並非怯懦

當然，我們還可以選擇一種應對的方式，就是沉默。選擇不回應，也不接受。

我曾去拜訪一位老和尚，問他：「師父，如果有人罵你、攻擊你，該怎麼辦呢？」

師父定了定神，突然說：「如果我給你一坨屎，你要嗎？」

說著就把手伸到了我的面前，我說：「當然不要了！」

師父笑笑說：「那你說，如果你不要，屎在誰的手上？」

我恍然大悟。

是的，要是你很清楚自己要的是什麼，就直接排除這些干擾吧。別人怎麼看你，怎麼罵你，怎麼評價你，與你何干？你有目標，有志向，又何必理會這些閒言碎語呢？

世界太大，有喜歡你的人，也必定有討厭你的人；可時間太少，我只願意把時間花在美好的事物上。

我很清楚，我來到這個世界上，要栽種鮮花，建造屬於我自己的花園。當我的花園裡長出雜草時怎麼辦？很簡單，把草連根拔起啊。

這是我現在的應對方式，因為拔草最省勁，只花一點的時間和精力，花園就恢復本貌。而我也不會浪費時間在雜草上，而忘記了我的初衷是要建花園。

所以，上回有人在我社群留言區大放厥詞，我就刪掉！被刪除資訊的人很生氣，又再次評論「你怎麼這樣！怎麼可以刪評論！」我依然故我，繼續刪掉！

有時候我也會感恩這些不美好，因為正是它們，恰恰提醒了我，要加倍珍惜那些美好的存在。人生短暫，只和自己喜歡的一切在一起；時間有限，只在乎那些在乎你的人。

## ▌最後，你並非一個人

有位可愛的同學問過我：「老師，我怎麼樣才能被這個世界溫柔對待呢？」

我跟她說：「其實，比被這個世界溫柔對待更重要的，是和自己握手言和！」

你覺得世界對你不夠好，說白了，就是你對自己不夠好唄！你覺得這個世界不夠愛你，其實是你不夠愛自己。你總是想太多，總是太在意別人怎麼說，怎麼看。然後哀怨「為什麼受傷的總是我？」

讓你受傷害的，不是那些人、事、物，而是你對於那些人、事、物的看法。簡單來說，你覺得這個是傷害，這就是；你覺得不是，就不是。

還記得剛才提到的罵我的老師嗎？從進新東方那天他罵我，我欣然接受，從不辯護，到我離開新東方，可以去追逐自己的夢想了，他還在罵我。他活生生把自己封印住了，留在了新東方，留在了謾罵中。我最終選擇原諒了他，因為後來我發現他不是針對我，他對身邊

的每一個人都一樣，包括他的老婆和孩子。

　　無論發生了什麼，你都不是一個人。所以，這一次，和自己和好，然後抱抱你自己，好嗎？

# 別討好了別人，
# 討厭了自己

## █ 討好型人格

昨天我的朋友思思來問我：「我有一個麻煩，不知道怎麼辦？真的頭都大了。」

我問她怎麼了。

她說：「我的朋友開發了一條旅行路線，請我幫個忙，讓我去菲律賓當一週的翻譯，順便和政府談判。」

我問她：「那他付你翻譯費用嗎？」

她吞吞吐吐：「他也沒說要付，就說想請我幫忙，也讓我可以免費在芭達雅旅遊和學跳傘。」

我說：「請你幫忙？就是不付錢囉！」

看到她難為情的樣子，我繼續問思思：「你和你的這個所謂朋友，關係應該沒有好到這份上吧？」

她說：「沒有，就是另外一個朋友介紹的。」

我問：「也就是說，這個忙不是非幫不可囉？最起碼，不是非你來幫不可吧？」

她有點委屈，點了點頭。

我不解，於是問她：「那你糾結什麼呢？直接拒絕不就好了？」

她說：「我總覺得拒絕不好，更何況我已經答應了，現在更難拒

絕了。」

我很驚訝：「怎麼答應了呢？」

她說：「他當時跟我說了這麼一事，然後問我可以去嗎？我就說可以吧。」

我有點無言，這狀況就是一開始你答應了，但你考慮清楚後，發現不想去，又不好意思拒絕。你看，多麼美好的一個下午，多麼美好的時光，都被糾結毀掉了。你啊，就是典型的討好型人格！

討好型人格，心理學術語上又稱為「迎合型人格」，通俗解釋就是我們常說的「好好先生」「濫好人」。

## ▌ 不懂拒絕的我們

去年一月份的時候，突然想起一位好久不見的朋友，我打電話約吃飯。我問她：「最近怎麼樣啦，什麼時候有空出來吃個飯？」

她說：「我哪有什麼時間啊，每天忙得焦頭爛額！」

我覺得有點奇怪，因為當初她這份工作是我幫她參謀的，看中的就是朝九晚六穩定的上下班時間，讓她可以在下班後騰出時間和精力，進一步提升自己。

我接著問：「如果沒記錯，你應該到公司九個月了吧，工作該都上手了。而且按照你的工作性質，不至於那麼忙啊？！」

她說：「是啊，我自己的部分，通常半天就完成了。但是，幫同事處理事情得花兩到三倍的時間。」

我說：「怎麼還幫同事了呢？」

她說：「可能她們覺得我能幹吧，就把手頭上的工作都分我一些。大家那麼信任我，我不敢辜負，也不好意思拒絕，就都接下來了。」

我想，是信任你？應該是看你好欺負吧？

我就問：「那大家對你的印象如何呢？」

她說：「大家都覺得我善解人意，也懂得照顧別人感受啊！好啦好啦，我先不跟你說了，我要到樓下買個飯，不然關門了。」

我沒再說什麼，掛上電話，看看錶，已經晚上九點半。

卡耐基說過，人性有很多的弱點，其中一個就是不擅長拒絕別人。他還在書中教導大家，怎麼利用這個人性的弱點呢？很簡單，如果一個人已經拒絕過你一次，基本上就沒有辦法拒絕你第二次了。因為，人真的很不善於拒絕別人。但是，**每一次你不拒絕別人，都是在拒絕自己；每一次向外的討好，都是向內的背叛。每一次你恭維別人多一點，都會毀掉自己一點。**

## ▌ 被馴服的獅子

不知道你有沒有聽過，馬戲團是怎麼馴獸的？

從前馬戲團裡有一隻小獅子，為了馴服它，馬戲團團長準備了兩個工具「鞭子和棍子」。

棍子立在小獅子的身旁，上面有一根結實的繩子，綁在小獅子的腿上。小獅子想要自由，想要出去玩，但無論怎麼掙扎，都無法逃離繩子的束縛。當牠試圖把繩子咬斷的時候，迎來的將是團長的鞭子。

五年後，小獅子已經長大，變得強壯，但只要馬戲團團長用童年的小木棍拴住牠，並拿起鞭子，牠就不敢再有任何掙脫的念頭。

就這樣，一隻獅子被毀掉了！小獅子最終沒有長成大獅子，而是變成了一隻大貓；拴住它的不是現實中的小棍子，而是心裡面怕痛的陰影。

一個人在小時候，需要通過順從來避免恐懼和痛苦；這種順從長大後，就會變成一種複雜的討好型人格。一個討好者的內在，是一個過度敏感和脆弱的小孩，他們一邊討好別人，一邊又獨自承受著背後

的委屈。

　　他們總能非常敏銳地洞察到他人的需求，也幾乎難以拒絕任何人的請求；而他們自己，好像是一個完全沒有需求的人，哪怕別人已經碰觸到了他們的原則和底線，他們也能一忍再忍。

　　討好的根源是害怕，害怕別人覺得你不夠好。而討好別人，還有一個重要的表現，就是不討好自己；他們會總覺得是自己錯了，所有事情，都是自己的責任。

## ▌ 你不用吃力，因為不必討好

　　記得有一回，我和朋友聚會完，碰上一個女孩。凌晨時分，她蹲在三里屯街頭的寒風中，號啕大哭。

　　光是聽她的哭聲，也能讓人肝腸寸斷。

　　我走過去，蹲下問她：「姑娘，你怎麼了？」

　　她撕心裂肺地哭著，含混不清地說：「我男朋友出軌了，他偷偷跟別人在一起了！他們一起都三個月了，他以為我不知道，今天還向我求婚，我拒絕了……」

　　我很同情她遇上了渣男，但也希望她振作起來，於是問：「那你到底在哭什麼呢？」

　　她哭得更厲害了：「我覺得自己很笨啊！」

　　我遞上一張紙巾：「你怎麼就笨了呢？」

　　她說：「我一直想自己到底哪裡做得不好，甚至是哪裡做錯了，他才去找別人的！我很努力了，可怎麼總是吃力不討好……嗚嗚嗚……」

　　我心想，明明不是你的錯，是他的錯啊！

　　天氣確實冷，我把她拉到了一邊，再拿出幾張紙巾，告訴她：「我得回去了，你也別哭了。直覺告訴我，你很好，但你的好，也要有人懂啊！」

我們總會擔心，甚至害怕「吃力不討好怎麼辦？」但我想說的是「你不用吃力，因為不必討好。」

你不需要老戴著好人的面具，做著讓別人滿意的事情，因為你能不能被別人喜歡，很大程度上，不是因為你好不好，而是因為「你是不是你自己」。

並且，所有的好，從來不需要討；你好不好，取決於那人懂不懂你的好。

## ▍與他人無關的世界

我的一位好朋友，個案諮詢的熱情導師 Jane。

有一回，來訪者是一位經歷多次情感失敗的女孩。在感情中，她總是討好對方，總是付出多一點的人，每一次她都竭盡全力，每一次她又都精疲力竭。

Janet 最後總結時，只問了女孩一個問題："If you are here for everybody, who is going to be there for you?"（如果你花心思討好每一個人，誰來討好你自己？）

無論是在成長、工作、生活還是在情感中，你總試圖給身邊的人留個好印象。

小時候，你知道了，會哭的孩子有糖吃；長大後，你又學會了，撒嬌的女人最好命。為此，很多時候你不得不放棄自己內心真正的想法，去答應一些不合理的要求。甚至放棄自己，成全對方。你總是覺得，生活艱難，做人不易，你需要討好某些人，生活才能更好一點。所以，上學時你討好老師，上班時你討好前輩和領導，回到家裡你又得繼續討好你的愛人。

楊絳先生說過，世界是自己的，與他人無關。

對的，你忘記了，這個世界上其實沒有別人，只有你自己。所以，你又忘了，這個世界上，最需要討好的人，也只有你自己。

　　說到這裡，也許有人不服氣，辯解說「我那不是刻意討好！我那是情商高！」

　　其實討好和情商高的區別，很容易判斷。**情商高的人愉悅別人，順便把自己也愉悅了，收穫的是成就感；而討好的人愉悅別人，就先把自己放棄了，收穫的是安全感。**

　　這個世界真的不存在一種一定需要你去討好的情況。如果存在一定要討好的環境，那這個環境中，就一定也存在著藐視、玩弄和不夠尊重。然而，不尊重不是最可怕的，討好也不是最可怕的。最可怕的是「藐視成習慣，討好成自然」，就是說，你被虐慣了，所以越虐你，你越開心。

　　你要做的事很簡單，就是遠離這樣的環境，而不是去討好。贏得尊重的唯一方式，不是卑躬屈膝，不是刻意討好，而是尊重你自己。總有一天，你會明白，你要討好別人可以，但別忘記，先討好你自己。活著最重要的事，就是按自己的意願活著，跟自己喜歡的一切在一起，永遠不要試圖成為那個不想讓別人失望的人。

　　否則到頭來，你可能討好了所有人，卻偏偏只討厭那樣的自己。

# 溝通變吵架？
# 你需要的溝通三步驟

有人曾問我：「帥帥，如果你只教一個技巧，能改善我的溝通，這個技巧是什麼呢？」這種問題很詭異，就像有人跑過來問你：「老師，能不能推薦一本書，讓我學好英語呢？」

這種問題背後的問題，是急功近利，一般來說，我是不回答的。但這位同學的提問，卻引起了我的思考，溝通是有技巧的，但溝通裡最重要的技巧是什麼呢？在溝通裡最值得注意的一點，又是什麼呢？思索片刻，我有了答案。

## ▎高情商就是「不需否定」

有一回，我到蘇州閉關寫作。在 Airbnb 上租了一間適合寫字的房子。

入住的那天早上，房子的主人親自接待。踏進門的一刻，我就被迎面而來的設計感給打動了。我走遍了世界，這卻是我遇到過的，唯一一個實景比照片還好看的房子。

主人站在餐桌旁，微笑著和我打招呼：「早上好，我是卜落，歡迎入住我們家。」

我環顧四周，看到一面牆的旅行照片，說：「你們家佈置的細節都很到位啊！」

卜落開心地笑了笑，我繼續說：「你是設計師吧？還是，攝影師？」

話音剛落，我就發現自己問了一個愚蠢的問題。萬一她都不是呢，不就有點尷尬嗎？

卜落又笑了笑，說：「我哪有這天分，只是我平常很喜歡設計，也喜歡攝影，就把家裡收拾得規整些。其實我是做創投的。」

我馬上接上一句：「一看就知道你不簡單。」我鬆了口氣，感歎房東真是個溝通高手。

試想一下，如果別人猜你的職業，沒猜對，一般人的第一反應是「不是，我是做 XX 的。」隨即最容易發生的，就是把天聊死。好的溝通，要你一句，我一句，然後一句接一句，不斷遞進。若是突然出現否定，能馬上把銜接和默契打斷。

如果，你問我什麼叫情商高？

我認為情商高就是不否定。聽起來簡單，能做到卻很難。卜落的溝通方式，除了不否定以外，其實還包含了最重要的溝通技巧——先跟後帶。

## ▌同理心就是「先跟後帶」

什麼是先跟後帶？顧名思義，我先跟著你的方向走，再把你帶到我的方向來。從溝通上來說就是，我先給你正向的回饋，才說出我想說的事。先跟後帶，往淺了講，是對人的尊重，往深了講，是同理心。

有一次，我被邀請到一個親子論壇上做嘉賓，談談育兒心理學。

我跟現場的五百多位父母，分享了我一個學員的案例。

我的學員是一位年輕的媽媽。有一天，這位媽媽回到家，發現她4 歲的兒子，正趴在馬桶旁邊，用裡面的水洗手。

我問現場的爸爸媽媽，如果是他們自己的孩子，他們目睹這一幕，會如何反應？

　　有位爸爸是豪放派的，說：「言傳不如身教，我會直接走過去在裡面尿一下，讓孩子知道，馬桶是用來尿尿的，不是用來洗手的。」

　　全場大笑。

　　然後有位媽媽是顧影自憐派的，說：「我會躲在門邊，偷偷地擦眼淚，為什麼我的孩子從小就失去了正常人的智力？」

　　有位媽媽是放任自流派的，說：「一切都是最好的安排，我會順其自然，孩子長大了，他自然就懂了。」

　　現場氣氛越來越高，大家紛紛舉手表達觀點。

　　還有位媽媽是駭人聽聞派的，說：「我會恐嚇我兒子，告訴他你再在裡面洗手，我就讓你喝一口。」

　　正在看書的你，也想想，如果是你的孩子，你會怎麼做呢？


　　以上爸爸媽媽的回答，出發點都是對的，但在溝通方法上，或多或少都陷入一個迷思，就是先入為主地假定孩子錯了，並採取各種方法試圖終止或改正孩子的「錯誤」。

　　那我一直輔導的這位媽媽學員，她是怎麼做的呢？

　　她後來跟我分享，她見到這一幕的第一反應是嚇壞。但平靜隨即而來，她走過去，蹲在孩子身旁，然後跟孩子說：「寶寶會自己洗手啦，真乖！能告訴媽媽，為什麼你在這裡洗手嗎？」

　　孩子受到表揚很高興，跟媽媽說：「廁所裡有兩個洗手盆，一個高的，一個低的。爸爸媽媽是大人，長得高，就用高的；我是小朋友，長得矮，就用低的。」

　　媽媽聽到孩子那麼懂事，很欣慰，說：「寶寶會自己洗手，就是大人了！以後你跟爸爸媽媽一起，都用這個高的洗手盆洗手好嗎？」

　　孩子在媽媽的懷裡，高興地點了點頭。

　　然後這位媽媽說：「那我們現在就開始試一試，好嗎？」

孩子歡快地答應了。

於是媽媽抱著孩子，抓著他的小手，在高的洗手盆裡，把手又洗了一遍。

在馬桶裡洗手這件事，在成人的世界裡，是個錯誤。但孩子真的有錯嗎？並沒有。只不過是，我們太習慣把自己的想法，加在別人的身上；我們太習慣把自己看到的，認為是事實的全部，卻從來沒有想過，對方是怎麼想的？為什麼他要這麼做？

如果你都不知道對方怎麼想，你就永遠不可能「跟」，也就永遠無法「帶」，溝通也就不復存在。這位媽媽學員的做法，不僅是「先跟後帶」的最佳案例，還是「溝通」這兩個字的最佳詮釋。整個過程沒有否定，沒有打斷，也沒有消極情緒，最後卻順利達到了溝通想要的結果。

## ▌先認同情緒，再處理事情

先跟後帶，不僅體現在語言上，更多地體現在情緒的認同上。

之前我有一個個案學員小飛，他很愛他的女朋友，可是他們的溝通出現了嚴重的問題。

小飛的女朋友，老是說小飛不懂她，有時候甚至會覺得，小飛沒有認真聽她說話。小飛覺得很無辜，他覺得每次女朋友訴苦，他都在旁安慰，並想方設法，出謀劃策。

當聽到「出謀劃策」的時候，我隱隱覺得不對勁，於是問小飛：「你給我舉個例子吧，你們是怎麼溝通的呢？」小飛舉了個例子，為了轉述和理解的方便，下面我用第一人稱來寫。

有一天，女朋友下班回到家，我看到她一臉不高興。
我問她：「怎麼啦？」

她不說話，一副氣壞了的樣子。

我又說：「到底怎麼啦？」

她終於開口，氣急敗壞：「我們領導就是個白癡……」

我馬上安慰她說：「沒事的，這樣的領導我見多了。我告訴你三個應對方法……」

我說了一大堆，女朋友好像也沒聽進去，後來好像還越聽越來氣，最後還摔門把自己關進了屋裡。

說完，小飛一臉無奈。他似乎還沒看出問題，但在我看來，問題已經很明顯了。但我不打算直接給小飛指出問題，我決定「先跟後帶」他一下，我笑了笑說：「我明白，也理解你的無奈。如果我是你，我也無奈。同時，如果我是你女朋友，我也肯定更生氣。」

小飛聽我這麼說，露出一個找到知音的表情，同時又有點不解，問：「為什麼女朋友會更生氣呢？」

我告訴他，心理諮詢的引導方法裡面，有一個極為重要的方法，叫先跟後帶。特別是面對鬧情緒的人，先跟後帶就該理解為先處理情緒，然後再講道理，先感性，後理性。

小飛繼續問：「具體怎麼說？」

我說：「當時如果我是你，我看到女朋友生氣了，我會問，你在生氣嗎。當女朋友說領導是白癡的時候，我會立馬說你們的領導簡直就是渾蛋、白癡！」然後再給女友一個愛的抱抱。

小飛茅塞頓開。

人有情緒時，千萬別講道理，講再多，就算再有道理，若情緒還在，一概聽不進去。你要記住，任何情況下，要先解決情緒，再解決問題。

所以，下回你的閨密失戀了，與其和她講「下一個會更好」，不如和她一起含淚痛　「誰誰誰這個渣男」。淚水過後，呼吸平復，再

跟她說，希望在明天，會有更好的。

　　同流才能交流，交流才能交心。真正的同理心，是設身處地感受對方的情緒，然後進行同步。


　　說到「先跟後帶」，不得不提，馬雲就是這方面的高手。

　　一次慈善晚會上，馬雲和一個小女孩同台演講。登臺前，他察覺到小女孩的緊張。

　　他問小女孩：「小朋友，你緊張嗎？」

　　小女孩說：「很緊張啊！」

　　馬雲一臉認真地說：「我跟你一樣，我也很緊張。所以你不能緊張，不然我也會跟著你一塊緊張的。」小女孩看著面前這個可愛的叔叔，被逗笑了，忘掉了緊張，最後出色地完成了演講。

　　先嘗試站在對方的角度，再帶領對方一起前進。很多時候，你的角度，就是你的態度。只有共情，才能同頻。


　　「先跟後帶」，除了日常溝通用得上，在特殊的情況下，甚至能創造奇跡。

　　一次講座完畢，一個學生衝到台前來，他有點嫉妒又有點生氣的樣子，大聲對我說：「你有什麼厲害的，除了是個老師，就什麼都不是了啊！」

　　我沒有生氣，更沒有發怒，我已經習慣「先跟後帶」這種最好的溝通模式了。我冷靜地回應：「是的，你說得對！其實我連老師都不是。我什麼都不是，所以我什麼都可以。」

　　這個學生不知怎麼被鎮住了，無言以對，羞愧地跑下講臺。回去以後，他私信我說「老師，我沒想到，一個人的格局可以那麼大。」

　　最後，他極力爭取，成了我的助理，那一剎那，我覺得很幸福。

　　什麼是幸福？幸福就是兩雙眼睛，看同一個未來。我想，這也是對「溝通」最好的理解了吧。

# 希望別人聽懂你，
# 要用「絕對座標」說明

## ▌ 把話說清楚是第一步

　　有一次我回到北京，出首都機場，拿好行李往外走。遇上機場交通管制，專車不能停靠，只能步行一段距離到出口對面的停車場，等司機來接。

　　我來到了和司機約定的地方等候，這時身旁的一位女孩，正和來接她的司機通電話。她的聲音有點大，引起了我的注意。

　　女孩說：「我就站在你說的門前啊，我穿了粉紅色的連衣裙，還拿一個粉藍色的小側背包。」

　　幾秒鐘後，女孩又重複了一遍：「對啊，我就在四號停車場北門，穿粉紅色的衣服，背粉藍色的包。」

　　又過了一分鐘，女孩有點氣急敗壞，對電話那頭嘶吼道：「都半小時了，怎麼就找不到我呢？北門，粉紅衣服，藍色包！」

　　我轉過頭一看，嚇了一跳，這女孩穿的，分明是一條粉藍色的裙子，拿著一個粉紅色的包！司機能找到才怪了！

　　我有點替那頭受氣的司機抱不平，心想著，女孩，我勸你善良些，這樣的智商，活著不累嗎？

　　溝通的最重要目的之一，就是避免反覆溝通。把話說清楚，正確表明情況，是所有溝通最基本的前提。

## ▎用絕對座標溝通

但你有沒有想過，怎樣的表達才是清楚的呢？

據說，杜拜王子到倫敦念大學，開學一個月，悶悶不樂。

他的父親，杜拜酋長得知後，打電話過來：「和同學們相處得好嗎？」

王子訴苦：「不好啊！」

酋長問：「為什麼呢？」

王子說：「因為我的同學都不坐勞斯萊斯上學。」

酋長問：「那他們坐什麼上學？」

王子說：「坐地鐵。」

半小時後，酋長再次打電話給兒子，興高采烈地說：「兒子，這下好了，爸爸給你買了一列新地鐵。」

當然，這只是個段子。大家的第一反應是，這位杜拜爸爸真是個「任性的土豪」，但你有沒有想過，除了有錢，還有什麼原因導致了最後的結局呢？假設說出「坐地鐵上學」的是普通人，不是杜拜的王子，那他的爸爸還會把這句話理解成「兒子的每個同學都擁有一列地鐵」嗎？

估計很多人的答案是「不會」。這是因為我們每個人的表達，都離不開背後的情境，我們要表達的資訊，並不都在我們說的話裡，資訊還要結合當時的情境才完整。

情境為溝通帶來很多便利，特別是當兩個人處於同一情境下時，表述就會變得簡潔。

比如，兩個朋友在書店，共讀一本書，你可以用手，指著書上的句子，對朋友說「你看這句話，寫得多好，真是擊中我內心了。」這個表述既簡潔，又清晰，也因為你們都在書店，才可以這樣表達。

但是，如果這兩位朋友的其中一位不在場，而在電話的另一頭，

哪怕對著同一本書，他也不知道你到底在說什麼。這時候，你就應該說「你看書的第幾頁第幾行寫得多好，真是擊中我內心了。」這時候，表述才是清楚的。

我教學十餘年，諮詢生涯近八年，工作都基本與「溝通」相關，因此我特別注重溝通表達的效率，而我最常用到的一個技巧，叫做「絕對座標溝通」。

這是一個數學術語。我們把結合情境的表達稱為相對座標，不結合情境的表達稱為絕對座標。用大白話來講，絕對座標溝通的意思是，假設每個與你溝通的都是陌生人，也不處在同一情境中，你需要盡可能清楚簡練地將事情說明白。

比如，朋友們約好了聚會碰頭地點，時間到了，你還耽擱在路上，朋友給你打電話，你說「我正在過來了。」

在你自己的相對座標裡，你在哪裡，搭什麼交通工具，估算要多長時間，都是不言自明的；但對於電話另一頭的朋友卻未必清楚，所以還是一頭霧水。

如果你學會了用絕對座標溝通，你就會這樣表達：「我現在在捷運東門站附近，搭捷運過去大概需要十五分鐘，應該七點半會到。」

這樣的溝通，不僅清晰，而且高效。關鍵是你把資訊都一次說清楚了，對方就不用再反覆問到哪了？怎麼來？幾點能到？

用絕對座標溝通，能提高你的溝通水準。絕對座標溝通的本質，是站在對方的角度，設身處地從對方的角度出發，充分為對方考慮，並用對方聽得懂的語言去溝通。這點在戀人的日常溝通裡，也特別值得注意，不然就會出現「明明我要的是蘋果，偏偏你給我的是梨」的無奈情況。

絕對座標，就是假設對方完全不懂。

## ▎比喻是最好的解釋

愛因斯坦說過，如果你不能簡單說明一件事情，你就是沒有完全弄懂。

曾有同行問我：「你已經是首屈一指的名師了，你覺得成為名師最重要的一項能力是什麼呢？」

我毫不猶豫地回答：「解釋力。」

什麼是解釋力？簡而言之，就是說人話，也就是把一件事情說清楚、講明白的能力。據說，愛因斯坦可以把相對論解釋給 8 歲的小孩聽，也可以說明給 80 歲的老奶奶聽。

無獨有偶，晚唐詩人白居易的詩，婦孺皆知。據《墨客揮犀》記載：白樂天每作詩，令一老嫗解之，問曰：「解否？」嫗曰：「解。」則錄之，不解，則又複易之。故唐末之詩，近於鄙俚也。

意思是，白居易每作一首詩，都要給不識字的老太太念一念，老太太能聽懂的，就留下；聽不太懂的，就改；修改後還聽不懂的，就不要了。

我們繼承白居易的精神，拓展愛因斯坦的做法，就可以設立「把事情說得簡單易懂」的標準了。也就是你能否把事情給 8 歲的孩子講懂，給 18 歲的青年解釋透，也給 48 歲的中年人說明清楚，再說給 68 歲的老人家理解呢？

值得注意的是，說得簡單易懂，不是等同於用簡單的語言說而已。據實踐經驗，在聽者的角度，很多時候「熟悉」就意味著「簡單」，而「陌生」就意味著「難」。所以除了運用絕對座標來溝通以外，我們再提升一個高度，加強把話講明白的能力，這個方法叫做「用熟悉的事物來比喻」。

在我教英語的時候，教到一個語法叫「定語從句[18]」。大多數老師的解釋是這樣的：「這個是從句，在句子中做定語，所以叫定語從句！」學生聽得咬牙切齒，心裡想著老師你這不是廢話嗎？！

而我的解釋通常會是：「請把定語理解成形容詞，現在我們用一個句子來做形容詞，這個句子就叫定語從句，也相當於一個『很長的形容詞』，記住這點就夠了。有時候，這個『很長的形容詞』還特別長，放在整個句子的中間特別不和諧，所以我們就把這個很長的形容詞，扔到要形容的那個東西的後面去，這就是所謂的『後置』。」

所以你看，我的學生不用去記「定語從句後置」是什麼意思，他們只需要記得，這個形容詞長，就要扔到後面去。因為「定語」對他們而言很陌生，「形容詞」對他們來講，卻很熟悉。而熟悉就意味著簡單。

老師的天職，就是把問題變簡單，而不是把問題變得更複雜。溝通的目的也一樣。

再比如，我教了五年的詞彙課。講到「字根字首記單字」，我不會跟學生解釋什麼是字首、字根，因為這很陌生。我同樣會用他們最熟悉的東西來做比喻，我會說：「在英文裡，我們不用字母記英文單字，就像我們不會用筆劃去記國字一樣。我們透過部首學國字，同樣，我們是經由字根字首來學英文單字。字根字首，就是英文單字中的部首。」

如果徹底理解這兩項溝通技巧，你會發現，幾乎所有良善的溝通，都是疊加使用這兩種技巧，用「絕對座標溝通」加上「熟知事物比喻」。

我之前也教催眠的課，需要解釋什麼是催眠。簡單來說，整個人

---

18 定語從句：英文文法的一種，臺灣稱「形容詞子句」。

處於有意識與無意識的狀態之間。具體的表現是，對人、事、物無條件地相信，甚至會找到合理化的理由，這就是催眠。

　　平常生活中的催眠現象有很多，比如商場裡最貴的，就是最好的；主管說的話，就是對的；專家說的話，就得相信。而人際關係中最接近催眠的現象，就是愛情，你眼中的對方是最完美的，所謂「情人眼裡出西施」。

　　請記住，你的溝通品質，就是你的生活品質。而溝通品質的提升，就從把話說清楚、說明白開始。多站在對方的角度考慮，想想對方的立場和處境，注意溝通時對方的回應。多說人話，少說鬼話，不說廢話，只有這樣，溝通才真正地發生。不然，你所謂的溝通，不過是在自言自語而已。

# 識別「真心誠意」
# 與「虛情假意」

你自我感覺良好，身邊一定沒有對你說真話的朋友吧！其實，你身邊缺的永遠不是朋友，而是一個願意對你說真話的人。

## ▌有人對你說真話，是幸運

記得我立志成為作家，是二〇一四年。正經八百地把寫作這事排上日程，而開始練習寫作，是二〇一五年。有天，我連續四小時，一氣呵成，寫了一篇文章，一看字數，三千五百字。那一刻，覺得自己實在太厲害了，沾沾自喜，四處尋求肯定。

我興致勃勃把文章發給朋友，朋友們都說很好，有啟發。我揚揚得意，又把文章發給一些作者，他們都說很不錯，可以寫書了。我覺得自己簡直是天才，但我還不滿足，繼而把文章發給了鄭大師。

鄭大師，本名鄭宏山，年過天命，是我大學時的啟蒙老師。他和其他大學老師不一樣，不僅愛教學，而且愛學習。他會認真準備每節課上課的 PPT 和素材，雖然學富五車，但從來書不離手，是我見過最愛學習的老師。

那時我們學校學習風氣不好，每當大師讀書時，總有同事過來調侃「大師又在看書啊！」大師只是笑笑，又埋頭到書中。正如我在宿

舍裡看書，室友總過來嘲弄「帥帥，你又在學習啊！」

可能是處境相仿，我和大師特別惺惺相惜。

平日沒課，大師總愛泡上一壺熱茶，然後**翻**開典籍，細細閱讀。我沒課的時候，總愛跑到辦公室，坐在大師身旁，或陪他讀書，或聽他耳提面命。

大師見我過來，總是抬頭托一托玻璃瓶底厚的眼鏡，說：「小帥來啦！快過來，我又發現一本好書。」

大學四年的收穫，毫不誇張地說，一半來自自學，一半來自鄭大師。在看不到希望的時候，他給過我特別多的啟發與勉勵。我想，如果誰有資格點評我的文章，非鄭大師莫屬。所以，我難得寫出一篇不錯的文章，一定要請大師指點。

不一會兒，收到了鄭大師的回信，內容如下：

「小帥，大作拜讀，亮點多多，情真意切，細節感人等等，無須贅述。還是開誠佈公地談談文章的不足之處吧。話說得可能重些，想必能體察老夫苦心，不以為忤。一、句子鬆散、冗長，英化**趨勢**嚴重，比如『給……小結』等；還有，開頭過於平淡。古人云，文章開頭要如豹尾，意思是要有力。像是文章開頭可先概括一下『事業發展於二○○八年，那年我從執信中學畢業，剛好 18 歲。』二、缺乏文采，讀起來節奏感不強。三、詞彙匱乏，重複過多，削弱了句子的表現力。四、行文缺乏富於個性的基調，即風格，比如或幽默，或亦莊亦諧，或冷峻尖刻等。你說過極佩服魯迅，那就該研究一下魯迅文章的風格，特別是他繃著臉說幽默話，逗別人笑而自己不笑的本事。五、乏能讓人印象深刻的警句。今天坐車去廣州，在路上隨手寫下幾點感受，若有冒犯，還請見諒。」

他接著說：「解釋一下，考慮到你現在的地位與影響力，說話、寫文章應該有更高的標準，因為你的文章有可能被許多人傳誦，故我對你文章的評價也更苛刻。比如，你的文章裡不乏富於哲理的真知灼

見，只是不夠精煉，不能朗朗上口。比如『我去學習演講』，這裡的『去』字明顯是個贅字。」

我來回看了兩遍，潸然淚下。既為自己的浮躁、不嚴謹慚愧，也為大師的真心實意感動。

不禁反思，進入社會後，大家只求務實，不求真實；假像越來越多，真相越來越少；你的朋友越來越多，對你說真話的卻越來越少。他們不是不想說，而是不敢說，更多人會認為，說真話容易得罪人，沒必要。

世界是一面鏡子，別人怎樣對你，你也怎樣對人。所以你學會了圓滑，習得了世故，戴上了面具。別人不說真話，所以你也不說了。

這就不難理解中國獨有的「酒局文化」了。為什麼重要的事情、巨大的生意都在酒桌上談成？因為酒過三巡，菜過五味，大家才卸下防備，脫下面具。所謂酒醉三分醒，玩笑三分真，酒品即人品。酒後方見真人，用我心見你心，才能用真心換真心。

所以，在**清醒的時候，有人對你說真話，是一種幸運**。

## ▎本該對你說真話的人

我把鄭大師的話列印下來，貼在案頭，日夜自勉，一年之後，文章漸漸有了長進。

二〇一八年，正逢知識付費浪潮，網路上掀起一股寫作熱。我有一朋友，老仙，他是寫作愛好者。

作為初學者的老仙，十分勤奮，每天寫五千字。完成後，他會迫不及待地把文章發到一個社群，希望得到大家的「指點」，和文章一同發出的，還有一個群紅包[19]。

---

19 群紅包：微信 APP 的功能之一，可以在聊天群組裡面贈送現金紅包。

大家紛紛點擊紅包，然後跟著讚美和感歎「完全是大師之作！」、「簡直是神來之筆！」老仙獲得了高評價，非常開心，逐位叩謝。

　　我是個愛學習的人，看到大家一致盛讚，好奇點開文章想學點東西。確實，文章有優點，可是更多的是缺點，甚至是硬傷。

　　比如，寫作有三個境界「我心，他心，天下心」，而老仙的文章，更著重於「我心」。表達上，說好聽了，是詳實；說難聽了，是話癆。內容上，說好聽了，是直抒胸臆；說難聽了，就是自鳴得意。總體而言，是一篇小學生日記，風格上是老奶奶的碎碎念。

　　當然對我而言，優點缺點都是學習，我都能得到進步。但對老仙來說，不明真相，無視缺點，無疑是後退。我突然明白過來，所謂「吃人家嘴短」，大家之所以讚美，不是因為文章，而是因為紅包。老仙如此這般堅持，寫了半年的五千字文章，發了半年的紅包，水準卻一直停在半年前。

　　世界上有三種可憐，第一種是被人欺騙，第二種是欺騙別人，第三種是自欺欺人。其實，有時候不說真話沒問題，偶爾展現一下高情商也沒人怪你，但底線是不說假話。假話可怕，但更可怕的是，本該對你說真話的人，對你說了假話。

　　像我常說的，如果有人告訴你你錯了，請不要難過，也不要解釋。你運氣很好了，知道嗎？

## ▌敢於說真話，也勇於聽真話

　　長大後，除了父母，很少人會跟你直言你的缺點，或是提醒你，甚至罵你、批評你，一方面是為了社交，沒必要撕破臉皮，更多的是大家都很忙，別人的事沒時間操心。

人都愛聽自己愛聽的話，但愛聽的不一定是真話，而真話總是讓人不太愛聽，因為它意味著真相。

　　良藥苦口，忠言逆耳，真話紮心。

　　作為言者，要學習說真話的技巧。因為說真話是態度，不是方式，不代表過分直白，更不代表以說真話之名來傷害別人。說真話的你，本意是為對方好，所以說話時，也要把對方的心保護好，特別要注意場合和時機。

　　作為聽者，要擁有接受真相的氣量。想想為什麼你身邊無人對你說真話？是不是你太玻璃心？你總是把別人的提醒當批評，把別人的建議當攻擊。沒等人說完，你就極力為自己辯護，甚至還擊，直到沒有人再敢對你說真話。

　　莫把批評當評價，每一次人家說你不夠好，對你來說，可能都是一個機會。

　　簡而言之，**說真話而不失體面，聽真話而不失氣度**。無論是願對你說真話的人，還是肯聽你說真話的人，都是萬里挑一，用生命去珍惜吧！

# Notes

歡迎寫下這個章節帶給你的反思、體悟或靈感！

# 後記
Epilogue

　　你好，我是這本書的作者，帥健翔。

　　感謝你讀完這本書，無論你有沒有察覺到，我想告訴你，「改變」已經在你身上悄悄地發生了。

　　但改變一次很簡單，持續改變卻很難，為此我想再叮囑你一下，讀完這本書，不是結束，而是剛開始。並請記住「這不是結束，而是開始」也能作為人生成長的祕訣。只有你充分理解這句話，並把其視為人生信條去履行，你的改變才能持續地發生。這時候，別人的終點是你的起點，你對自己的標準不一樣了，結果自然會不同。

　　可是別誤會，我不是不相信人，我只是更相信人性。人性本懶，人太容易陷入自己原有劇本的無限輪迴當中。

　　這些年，我到過廣州、深圳、上海、香港、北京，也到過台灣、韓國、美國、澳大利亞、新加坡、俄羅斯、馬來西亞、日本等地。

　　以上地方，我都定居過比較長的時間。在不同文化、不同地域背景下，我遇上過近百萬形形色色的人，也有幸幫助過其中的一部分人。

　　這些經歷，讓我有幸目睹了，很多人大聲嚷嚷著要改變，最終卻毫無意外地回到自己原有的狀態中。能真正發生改變、超越過去的自

己的人，只占少數。

　　我開始研究，普通人和能超越自我的人，有什麼區別？

　　最後我發現，答案竟意外簡單。

　　那是因為，普通人有一個通病，就是「常常都在想，永遠都在說，從來都不做」。

　　所以，讀完這本書後，我真的希望你能為了自己，為了自己想要的生活，真正開始做點什麼。只要你開始做點什麼，你就已經和絕大多數的普通人不一樣了。

　　至少從現在起，你可以為自己，開始重讀這本書。在讀第二遍的時候，畫下一些啟發你的句子，甚至，背下一些對你有用的段落。

　　記住，做了就比不做要強。

　　當然，做了能不能做出成果，就是後話了。這要看你是否能靈活運用這本書裡提到的理念、方法和策略。

　　這本書的完成，前後用了整整一年的時間，可謂是歷盡艱辛。從二〇一八年的六月正式動筆，開始的半年，起早貪黑，寫了八十萬字，我又用了三個月的時間，刪減到五十萬字，才逐漸成為你現在看到的這本書。

　　別擔心錯過了什麼，因為去掉的都是糟粕，留下的都是精華。

　　創作的階段，我給了自己一個標準：「我手寫我心，知無不言，言無不盡。」改稿的階段，有點強迫症的我，又給了自己一個標準：「改到一個字都不能再改為止。」

　　帶著偏執，我常因改稿通宵達旦，常覺得一篇文章不夠完善，不由自主地看了一遍又一遍，直到把同一篇文章改了數百遍，自己在書桌上暈過去。

　　還記得書最後完成的那一天，我如釋重負，帶著滿滿的成就感，我對著鏡子，看著頭上新冒出來的幾根白髮，感慨萬分，我對自己

說，哪怕是滿頭白髮，這樣也值了！

如果這本書有一些話能打動你，有一些話能幫到你，有一些話能讓你走出迷茫、突破現狀，甚至看到人生的可能、自己的理想，這就是對我一年來辛勞的最大肯定和嘉獎，請別忘了告訴我！

這是我的第一本書，從無到有離不開很多人的支持，感謝我的父母和所有家人一直以來「縱容」我的小任性，讓我有了不同尋常的腦洞和獨立思考的能力。

特別鳴謝向華強太太陳嵐女士的大力推薦；感謝好友李尚龍老師毫無保留的幫助，讓這本書在出版的過程中避開了許多彎路；感謝我的編輯李彩萍老師，她用多年的經驗和專業，讓這本書盡善盡美，有了最極致的呈現。

感謝羅天舒老師、Scalers 老師、胡洪江老師、劉媛媛老師、張展暉老師、韓承畢老師、李娜老師、程一老師、王艾思老師，你們亦師亦友，及時雨般地伸出援手，無論是言語上的鼓勵，還是行動上的支援，這都讓在北京獨自奮鬥的我，倍感溫暖，不再孤獨。

感謝一直以來不離不棄的鐵粉們。有一次一位同學跟我說：「老師，關注你七年了，終於等到這本書！」我淚如雨下。也感謝一直支持我的同學們，還有曾經陌生卻因為這本書而遇見的你們。

有你們，是我此生最大的福氣。第一本書也許不那麼完美，但請相信，我已經盡力做到了最好，只要你們在，我就會一直寫下去。我相信，你們會越來越好，我的書也會越來越好。

如果你從這本書中獲得了任何有價值或有幫助的建議，我希望你能送一本給當下對工作或現狀不滿意的人；如果你為人父母，我希望你送一本給正開始想像未來的孩子。

這麼說不是因為想賣書，你甚至可以從圖書館借，我不在乎，我這麼說是因為希望每個人都知道，哪怕你再弱小，都有機會找到自己

的優勢；哪怕起點再低，都有機會突破和崛起。

　　只要你願意，你總可以做點什麼，來改變現狀。而你唯一的敵人，就是你自己。最重要的是，每一個人，都有機會找到自己的天賦，建立自己的優勢，不斷學習和成長，活成自己想要的樣子。

　　最後，在你猶豫的時候、難過的時候、迷茫的時候、失落的時候，別忘記翻翻這本書。人生不如意事，十有八九，常想一二。

　　關鍵是，別害怕，我都在！

帥健翔 2019 年 6 月<br>於北京

# 台灣廣厦 國際出版集團
## Taiwan Mansion International Group

國家圖書館出版品預行編目（CIP）資料

自我時代優勢練習：成長，成事，成為極少數！更要成就自己的6堂
行動蛻變課 / 帥健翔著. -- 初版. -- 新北市：財經傳訊，2021.02
　　面；　　公分
ISBN 978-986-99518-3-8（平裝）
1.成功法 2.自我實現

177.2　　　　　　　　　　　　　　　　　　　　109018221

## 財經傳訊
### TIME & MONEY

# 自我時代優勢練習
## 成長，成事，成為極少數！更要成就自己的6堂行動蛻變課

作　　　者／帥健翔

編輯中心編輯長／張秀環・編輯／黃雅鈴
封面設計／何偉凱・內頁排版／菩薩蠻數位文化有限公司
製版・印刷・裝訂／東豪・弼聖・秉成

行企研發中心總監／陳冠蒨

媒體公關組／陳柔彣
綜合業務組／何欣穎

發　行　人／江媛珍
法律顧問／第一國際法律事務所 余淑杏律師・北辰著作權事務所 蕭雄淋律師
出　　　版／財經傳訊
發　　　行／台灣廣厦有聲圖書有限公司
　　　　　　地址：新北市235中和區中山路二段359巷7號2樓
　　　　　　電話：（886）2-2225-5777・傳真：（886）2-2225-8052

代理印務・全球總經銷／知遠文化事業有限公司
　　　　　　地址：新北市222深坑區北深路三段155巷25號5樓
　　　　　　電話：（886）2-2664-8800・傳真：（886）2-2664-8801
郵政劃撥／劃撥帳號：18836722
　　　　　　劃撥戶名：知遠文化事業有限公司（※單次購書金額未滿1000元需另付郵資70元。）

■出版日期：2021年02月
ISBN：978-986-99518-3-8